形家陽宅開運一本通

Xing Jia Feng Shui for Auspiciousness

7天學會陽宅開運斷吉凶

命理大師
黃恆堉
李羽宸

作者序

在五術命理風水的學科中，陽宅開運佈局算是與我們最息息相關的，因爲我們每天的工作場所、或休息的住家都是一個空間，有了空間就會有磁場的感應，好的感應就會帶來好的運勢。什麼是好的磁場呢？就是在某一空間裏，陽光都能照射到，每個空間空氣都能流通，整個擺設都能整齊定位，屋宅之水源乾淨無雜，就是好磁場，陽光、空氣、水樣樣不缺就是好陽宅。

所以您住家或公司的佈局，如有本書的各種現象，足以堪稱爲不佳的現象。鼓勵您儘速改善，因爲有形就有煞，有形就有靈，雖然經一段時間印証，並沒有書中所說的現象，但不表示不會發生，只是時間尚未走到，如果可以的話，先做好預防的動作，應該是一種正確的選擇吧！

俗語說：福地福人居，故名思義就是只要爲人樂善好施，不管住在什麼樣的房子都會得到好的運勢，反之心存不善，再好的房子給您住，可能也無法得到好運勢。

當我們運途不佳時，我們也許會怪房子不好，有一些人就會找風水老師來調整陽宅，坊間陽宅老師眾多，所以學派也很多，找三個老師就會有三種不同的看法，到底要聽拿一個呢？有些老師還鐵口直斷該房子不能住，要儘速搬家，否則會怎麼樣....但老師不知是否了解每位客户的處境，有的人真的連搬家都有困難，所以是不是可以不用搬家，而改用一些有效的開運佈局方法來改善呢！

本書就依陽宅學理，舉例出193種比較不符合自然法則的陽宅佈局，來讓我們自我檢視，如果有此193種現象，要如何來開運制煞以防一些凶象發生，這種制煞方法可能比搬家更簡單方便吧。

本書的編排應該每個人都可以看得懂，不必學陽宅理論，裏面的193種舉例完全是以形家的觀念理論來論斷吉凶，當然也符合『有法就有破』的論述來指引讀者，找到破解的方法，以便讓我們的居家更舒適。坊間有太多的陽宅書籍都編寫的不錯，但總是有些深奧，而且一些建議好方法，好像用不上，但本書絕不會有這種情況，因爲案例中的每種剋應您都可以親自印証，當然也可以自行調整，自行做開運佈局，所以本書可稱爲陽宅開運DIY的工具書。

本書作者所編寫過且在各大書局販售的五術命理書籍，如學八字這本最好用、學姓名學這本最好用、數字論吉凶、初學手相這本最好用、大師教您論八字、史上最好用的萬年曆、大師教您學八字、每本都用最簡單的編寫方式呈現，所以都受到很不錯的好評，相信本書也一樣會受到喜愛。

只要您用心研讀大約7天，您將可學會陽宅斷吉凶，當然去到親朋好友家也可以侃侃而談論風水，他大概也會尊稱您一聲大師了。

最後希望本書的出版，能帶給一些居家較不順的朋友，能得到一些些的改變，往後的日子更平順，這才是我最想要的目地。

台中市五術教育協會　創會理事長
黃恆堉
04-24521393

目錄 *Contents*

龍銀系列

引財

引財：
就是如何將財引進家中。
為什麼需要引財這個動作呢
因為房子本身座向是順水局
也就是房子的大門得不到來水
或來氣所以整個房子就會比較
無財氣，所以必需運用引財法
來增加財運磁場。

●現象→
水由自宅的後方往前流走
就需藉由引財法來增加磁場。

● 開運方法：
建議可安置一組由七個龍銀組成箭頭形狀的引財圖，放放在大門入口處將財引入或在入口處安置一組有流水的風水球。

■ 防漏龍銀/有框

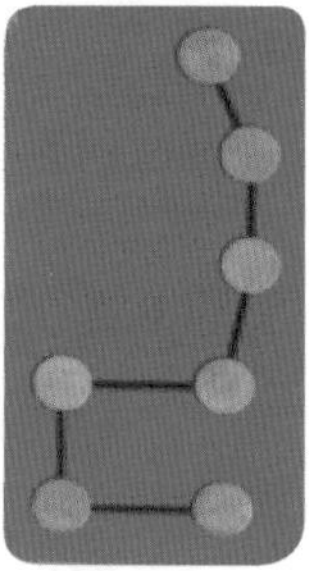

■ 防漏龍銀/無框

■ 引財龍銀/有框

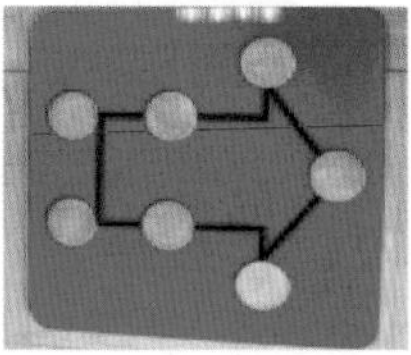

■ 引財龍銀/無框

催財

催財：
就是如何將家中的財運磁場，幫助它動起來。
爲什麼需要催財這個動作呢?因爲住在屋宅中總是感覺賺錢有限，好像沒有財運的動能，而且永遠沒有偏財運的感覺，所以必需運用催財法來增加財運磁場。

●現象→
賺錢好像永遠不夠花
錢好像很難賺的樣子。

● 開運方法：

建議可安置、

催財貔貅、麒麟、

等放置在財位來催動財運磁場。

■ 貔貅

■ 麒麟

聚財

聚財：
就是如何將財富不斷的增加。
為什麼需要聚財這個動作呢？
因為有錢好辦事：錢多有很多好處，一來不會為生活煩憂，二來想要過什麼樣的生活就能過什麼樣的生活多好啊。
三來所謂貧窮佈施難—
有錢人可以幫助人，成為富中之富的人。

●現象→
錢財累積的不順利或不夠快就需藉由聚財法來增加磁場。

● 開運方法：

建議可安置一組聚寶盆或水晶洞將錢財順利累積起來，再將聚寶盆或水晶洞放在家中財位或入門的對角處即可。

客廳

求一切平安順利

(鹽)等於緣，它不但能增加人緣且能對考試運有莫大的幫助，每當考季來臨各地文昌廟香火鼎盛莫非想求得金榜題名，現在流行粗鹽開運法，電視及網路也普遍流行及討論，粗鹽能去除厄運改善磁場是祖先流傳至今的一種開運方法，如果您相信的話，粗鹽會有很大的靈動力喔！

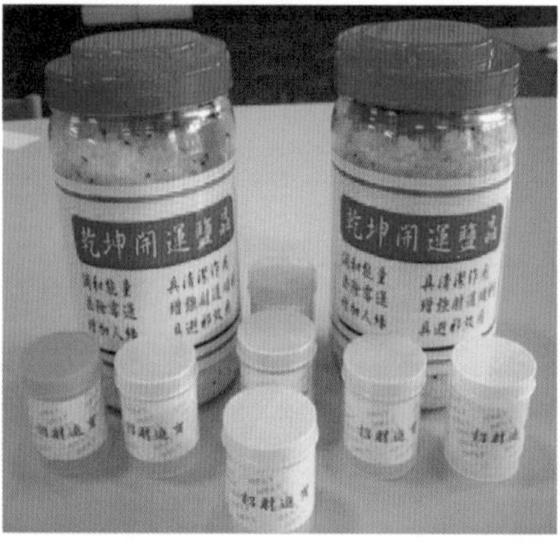
乾坤開運鹽晶
乾坤開運鹽晶

粗鹽使用方法

⊙可用小紅絨布袋裝3公克粗鹽晶隨身攜帶，可去除厄運增加人緣，全家大 人、小孩皆可使用效果佳。

⊙可用粗鹽晶灑淨屋內一圈，由順時鐘開始灑淨，約3個月做一次，身體不佳，財運不順可漸漸獲得改善。

⊙在房子四個角落各放一杯粗鹽晶，共四杯(不能加蓋)

⊙在大門玄關處放一杯粗鹽晶(不能加蓋)

⊙在廚房乾燥處放一杯粗鹽晶(不能加蓋)

⊙在廁所之乾燥處放一杯粗鹽晶(不能加蓋)

以上7個位置是房子最容易聚集晦氣之處，經粗鹽晶淨化就可去除，記得一個月需換一次。

⊙購買新車或(定期)約半年時間，將50公克粗鹽晶放置於車輪下方，然後將車子開過即可達成淨化目的，使行車一切平安順利。

外在煞氣介紹

和化解方式

小巷路沖

所謂巷沖和路沖相同，都是住宅前有一條巷道，直沖大門或住宅之前方，或住宅之周圍受沖均會損傷，最嚴重則為開門見到之，後為開窗見者次之。

● 剋應→血光、車禍、破財

● 化解方法：
安置山海鎮或太極乾坤八卦圖或是種樹來擋。

馬路直沖

所謂路沖就是住宅前一條直路直沖大門或咱們家之前方，或住宅的周圍受沖一樣有害，
最嚴重者為開門見到之，
或開窗見著次之。

● 剋應→ 血光、車禍、破財

● 化解方法：
安置山海鎮或太極乾坤八卦圖或是種樹來擋。

飛簷獸頭煞

陽宅周圍有受到廟宇或牌樓飛簷沖射者

簷

● 剋應→陽宅逢飛簷煞沖射者必凶
主血光、開刀、車禍、
陰症、犯小人
或有意外血光之災。

● 化解方法：
安置三十六天罡或是山海鎮
或太極乾坤八卦圖、也可以
種一排樹來擋煞。

屋角煞

住宅門前或是後方或周圍有屋角或尖角直射過來，就稱之爲屋角煞。

剋應 → 屋前或屋後左邊：
受屋角煞對到傷男主人
屋前或屋後右邊：
受屋角煞對到傷女主人

● 化解方法：
安置山海鎮或太極乾坤八卦圖
也可以種樹來擋。

屋脊煞

很多人爲了造型將房子蓋成三角型或陵型或折掉一些老樓房樓房周圍常有斜角之屋頂，稱之爲屋簷頭或屋脊煞。

- 剋應 → 常有莫名其妙之問題發生或有意外災禍、血光或家中人員内臟有問題。

- 化解方法：
安置山海鎮或太極乾坤八卦圖或是用圓形鐵板將屋簷頭遮住亦可化解。

反弓煞

反弓煞有兩種:
一種爲住家前道路之反弓煞。
一種爲住家前水路之反弓煞。
反弓煞即是水路或馬路像弓一樣，弓柄朝這自己的家或周圍均屬之，而門前之反弓現象較側面或後面之反弓嚴重。

● 剋應→ 血光之災、破財、財運不佳失意失敗、出不孝子、叛逆宅內失和、是非口角、官司、遠離流浪他鄉。

● 化解方法：
安置山海鎮或太極乾坤八卦圖也可以種樹來擋。

電線桿煞

住宅門前或是周圍有電線桿就稱之為電線桿煞。

● 剋應→可能會有意外災禍還有子女忤逆之剋應。

● 化解方法：
安置山海鎮或太極乾坤八卦圖也可以種樹來擋。

金爐煞

所謂金爐煞氣是指：
陽宅附近正對廟宇或神壇之金爐，以正對煞最爲嚴重..
側對比較沒那麼嚴重。

●剋應→ 面對此煞主血光、不聚財
居家不安寧等效應產生。

● 化解方法：
置三十六天罡或是山海鎮
或太極乾坤八卦圖
也可以種一排樹來擋煞。

剪刀煞

陽宅位於三叉路口其內角度低於90度者形狀像似剪刀口一樣我們稱之為剪刀煞。

●剋應→主血光、車禍、口舌官非、意外災禍!

●化解方法:
安置石敢當或是山海鎮或是太極乾坤八卦圖來化解。

天斬煞

住宅面對大樓前方兩棟大廈靠的很近，使兩棟大樓中間形成一道很狹窄之空隙，望眼望去彷似大樓被切分爲二，即稱爲天斬煞。

● 剋應 → 主對身體不利、手術開刀、高危險之疾病也主易有車禍血光。

● 化解方法：
安置山海鎮或銅麒麟化解。

小人探頭煞

住宅前方或屋宅背後又有屋宅凸出，或是半個水塔之凸出物像是一個人頭探出來，我們稱之爲小人探頭煞！

●剋應→盜賊入侵、犯小人、
家中女性桃色糾紛不斷。

●化解方法：
安置三十六天罡或是山海鎮或太極乾坤八卦圖、也可以種一排樹來擋煞。

壁刀煞

住宅前面或周圍之大樓或本身建物其牆面正對我家。
因而造成煞氣直沖，此爲壁刀煞

- 剋應 → 主手術、開刀、主車禍血光。

- 化解方法：
安置三十六天罡或是山海鎮或太極乾坤八卦圖、也可以種一排樹來擋煞。

官帽煞

住宅前面或周圍之大樓，有出現如古代官帽形狀之建築物出現即稱官帽煞。

● 剋應 → 主官司纏身、訴訟不斷

● 化解方法：
安置三十六天罡或是山海鎮或太極乾坤八卦圖、也可以種一排樹來擋煞。

水塔煞

陽宅附近有水塔高聳近逼或設於白虎方，或曜煞方!或房子正中心爲大不吉!

●剋應→會有不測之災。

●化解方法：
安置三十六天罡或是山海鎮或太極乾坤八卦圖、也可以種一排樹來擋煞。

煙囪煞

陽宅周圍有高大煙囪近逼者，尤如當頭棒喝凶也！因除廢氣之污染外！氣流遇到此圓柱形之物體，會產生迴旋！進而影響家宅氣場不穩！

● 剋應 → 陽宅遇此沖射者必凶、主血光、開刀、意外血光之災、生病！

● 化解方法：
安置三十六天罡或是山海鎮或太極乾坤八卦圖、也可以種一排樹來擋煞。

路橋阻攔煞

住宅前如有高架橋或是路橋阻攔等於是明堂受阻，前途受阻礙運勢不容易開。

● 剋應 → 家運無法開展,前途受阻財運不濟。

● 化解方法：
安置三十六天罡或是山海鎮或太極乾坤八卦圖、也可以種一排樹來擋煞。

高架橋橫煞

陽宅前方如有高架橋矗立，會有橫刀切過之嫌，嚴重不吉之效應。

CHINA SHIPPING

● 剋應→事業受阻、財運、家運敗退、脾氣暴躁無耐心。

● 化解方法：
可以用一面山海鎮或太極乾坤八卦圖來作化解。

路燈柱煞

房屋周邊如有出現燈柱不吉，
如果被其彎頭正對、煞氣更重。

● 剋應→開刀、意外血光、
犯小人。

● 化解方法：
安置三十六天罡或是山海鎮
或太極乾坤八卦圖、也可以
種一排樹來擋煞。

門前高聳建物

陽宅前有高聳之建物!
此和電線桿之煞氣是一樣!

● 剋應→會有開刀!當頭棒喝的感覺
血光意外之效應!
如為枯樹更會有癌症發生。

● 化解方法：
安置三十六天罡或是山海鎮
或太極乾坤八卦圖、也可以
種一排樹來擋煞。

石柱牌樓

住宅周邊如有設置牌樓且離住宅太近，會直接沖射到宅內可能會有一些不利之事發生!!

● 剋應 → 會有病痛、意外是非!

● 化解方法：
安置一面山海鎮或是一對麒麟或是太極乾坤八卦圖正對其擺設化解!!

屋頂的水塔

住宅屋頂之水塔須注意其擺放之位置，不可擺於房子正中心，也不可擺於房子之白虎邊。
放於正中心.我們沖之為頂心煞。

快速洗車

● 剋應→ 會有心臟病，高血壓血液循環之毛病發生!

● 化解方法：
將其移往左方或是左後方如不能移可在水塔下方安放三十六枚古錢幣。

出門即見高樓

陽宅屋前有高樓遮擋，此為一出門即受阻之勢，有面山之壓迫感!一出門就撞牆真倒楣。

● 剋應→前途受阻，家運無法開展，壓力很大!

● 化解方法：
安置三十六天罡或是山海鎮或太極乾坤八卦圖、也可種一排樹來擋煞。

藥桶煞

陽宅附近或對面有水塔，和水管連接狀似醫院之點滴，此稱之為藥煞！

● 剋應 → 病痛不斷！常常吃藥。

● 化解方法：
安置三十六天罡或是山海鎮或太極乾坤八卦圖、也可以種一排樹來擋煞。

萬箭射心煞

有些大廈或是公寓爲了要防盜，都會裝設箭形之鐵窗，這無形當中就會對對面之住宅形成煞氣，
此種煞氣我們稱之爲【萬箭穿心煞】。

● 剋應→會有莫名奇妙被眾人指責之效應，另外也會有血光之情形發生。

● 化解方法：
安置三十六天罡或是山海鎮或太極乾坤八卦圖、也可以種一排樹來擋煞。

圓墓碑煞

有些建商爲了能標新立異，建出一些奇形怪狀之樓房，無形當中卻造成了不必要之形煞；像圖中從遠處看狀似墓碑，我們稱之爲【墓碑煞】。
這對住於該屋宅和對面之屋宅者都會有不良之影響。

● 剋應→陰煞過重、小病不斷
心情低落及憂鬱傾向。

● 化解方法：
安置三十六天罡或是山海鎮或太極乾坤八卦圖、也可以種一排樹來擋煞。

尖鋸齒煞

所謂【鋸齒煞】，講簡單一點就是多重之屋角互切之煞氣稱連續壁刀煞。

● 剋應 → 血光意外不斷。

● 化解方法：
安置三十六天罡或是山海鎮或太極乾坤八卦圖、也可以種一排樹來擋煞。

火車鐵路旁

住宅四周有高速鐵路、捷運、鐵道經過，相對就會有高壓電、噪音、氣場不穩之現象。氣場不穩相對就容易有精神狀態不穩狀況。

●剋應→
因目前鐵路都是用高壓電作為動力來源，要注意電磁煞氣會影響腦神經目前火車之速度都相當快會造成住宅周邊氣場混亂易有意外血光、財不聚效應。

●化解方法：
建議您可安置一面山海鎮正對鐵道照射，化解氣場不穩和電磁煞氣，再加設隔音窗隔絕聲煞。

電線多雜亂

住家屋前有多條電線橫過面前，此爲明堂不清爽之象會影響運勢所以選購房子時儘量挑選明堂開闊而無雜亂者爲佳。

●剋應→ 犯小人或招暗害、心情煩躁，如電線雜亂成蟲狀則還會有蜈蚣煞、易造成胃腸不適等症狀。

●化解方法：
建議可安置一面山海鎮或太極乾坤八卦圖來做化解，如有蟲狀加安一隻公雞來吃蟲化解。

橫鐮刀煞

住宅周邊，被橫向之鐵皮鋒利屋簷所切，我們稱之爲【橫刀煞】。

● 剋應→會有意外血光、開刀之效應

● 化解方法：

建議可以安置一面山海鎮或是切面水晶球，而使用切面水晶球如遇煞氣較大時可以用3~5顆來做化解。

第18頁至第46頁
可以選用以下開運物品
來鎮壓制煞

■ 山海鎮

■ 太極乾坤八卦圖

■ 羅盤

■ 密教九宮八卦圖

樹欉煞

指家宅採光處皆樹蔭阻隔，造成採光不足，陰氣過重之煞氣。

● 剋應 → 主陰氣過重，會死氣沉沉前途受阻且怕有官司是非。

●化解方法：
安置銅龍或是山海鎮化解或將樹木移除，也可在家中安置一對貔貅驅邪鎮宅。

宮宇廟場旁

住宅附近如果有廟宇或是宮廟，要特別注意，因爲廟宇本身會聚氣，造成附近住家氣場之流失，導致家運漸退，另外宮廟辦法會會有靈物聚集，也會有陰氣過重之狀況；再加上被廟宇屋角或是飛簷沖煞到會有血光開刀、車禍陰症、意外之效應，須特別注意。

● 剋應→ 會有血光、開刀、車禍陰症、意外之災。

● 化解方法：
建議可以安置一面山海鎮正對廟宇做安置但切記不可以照到神明如果爲一牆之隔之住家可以於在屋內緊鄰宮廟牆邊平均安置36枚古錢，來區隔氣場做化解。也可在家中安置一對麒麟驅邪鎮宅。

細長狹屋

房子左右窄短、而前後細長者我門稱之爲【狹長屋】，如果再加上採光不足其煞氣更大，長和寬之比例以正方爲佳三比二爲次佳。

● 剋應→主心胸狹窄、脾氣急躁、犯陰煞、血液循環不良；如果採光不足、更會有陰邪怪事發生。

● 化解方法：
建議可以在陽宅室內周邊，平均安置36枚古錢來穩住氣場做化解。
如果有採光不足之情形，要加強家中之照明，補足陽氣。
另外可以安置一隻銅龍或是一對麒麟鎮宅驅趕陰氣。

緊臨醫院診所

醫院為生病或氣弱之人來看病之場所必帶來衰敗之氣和病菌滋生，且醫院常有死亡情事所以也會有靈物聚集，且會有招陰之情形，住家如正對醫院或是緊臨醫院，都不是好的居住場所。

景新
新欣

● 剋應 → 容易小病不斷、空氣及噪音污染、犯陰症。

● 化解方法：
建議多種些綠色植物或是帶香氣之植物淨化氣場，另外在正對醫院處安置一面山海鎮或是羅盤驅趕陰氣

面對尖爐塔

住家附近如出現尖塔造型之建物須特別注意，因爲尖塔造型本身就是尖射煞氣，造成附近之形氣不佳，另外其大部份成三角形或是五角形，這都是屬火形煞氣之一種。

●剋應→會有意外血光、脾氣暴躁與人口角、嚴重時或有火災之效應。

●化解方法：
建議可以安置一面山海鎮或是一對麒麟，
正對煞氣安置來做化解。

第48頁至第52頁
可以選用以下開運物品
來鎮壓制煞

■ 銅龍

■ 貔貅

■ 福

■ 祿

■ 壽

凹風迴煞

陽宅周圍猶如相片中凹入之情形者，因爲風遇到此凹陷處會將氣灌入……形成迴風煞氣!

● 剋應 → 陽宅凹風煞沖射者必凶，主腦神經衰弱.情緒不穩判斷錯誤、血光、開刀、意外血光之災!

● 化解方法：
安置山海鎮化解、因其山海鎮可移山倒海之故、或者防風設備要加強、或家中放置壹面36枚六帝錢來鎮宅。

高壓電磁煞

住家附近有變電所、電塔、或電桶都會影響到住宅之磁場，會影響居住於內人員之思緒。
以變電所最凶，電桶次之！

●剋應→ 因遭電磁波對人身體會有極大的影響及傷害，也會造成思緒不清，判斷錯誤!
影響運勢!

●化解方法：
正對變電箱安置一面山海鎮或是在靠近電桶之牆面，用4隻銅釘或銅柱釘於牆面上。然後用銅線順時針繞5或10圈(易經解5.0爲土可洩火氣)!就可以化解!

腫瘤屋煞

陽宅前後左右加蓋一小屋，就像房子本身長了一顆腫瘤一樣。相當不好也。

●剋應→ 會有腫瘤和癌症之效應發生!

●化解方法：
宜速拆除如要擴建宜全部從上到下平整蓋起才能納吉之氣! 如果無法從新蓋，可以用36枚古錢將其框入或在凸出處放36枚六帝錢來化解。

無尾巷

無尾巷即是住宅居於死巷內，無尾巷因為馬路不通，容易聚集穢氣，氣場不通暢，無法生旺納吉。所以不適合當商店，住家也不宜。

●剋應 → 運勢嚴重受阻、犯小人也容易犯小偷。

●化解方法：
可以在屋前安置一面山海鎮或是，在住宅龍邊安置三隻銅龍來作化解。

加油站旁

陽宅緊鄰加油站!氣場雜亂!
除了會有油味,煙味,穢氣....等
不但如此!猶如居住在不定時炸
彈旁邊一樣!會讓人沒有安全感!
爲不是很好之居住環境!

加油站

● 剋應 → 家運漸退,口角是非
壓力沉重!有些小病。

● 化解方法:可安裝空氣清靜機
及三十六枚古銅錢來鎮宅。

殯儀館

住家鄰近殯儀館，因爲殯儀館爲人死後處理之場所，除了陰氣過重外，如果館內還設置火化爐則會有廢氣之污染。

●剋應→ 陰氣過重，小病不斷、精神耗弱。

化解方法：
可以在安置一面三十六天罡或是掛置羅盤來作化解。也可以安置一對貔貅頭朝殯儀館安置。

地下停車場出入口

一、陽宅面對地下停車場出入口
二、位於地下停車場出入口之上方

● 剋應→一、會有大漏財之情形，被人倒會、或是有錢討不回之效應!
二、會有宅氣不穩判斷錯誤、家運漸退、身漸衰弱之效應!

● 化解方法：
一、安置山海鎮往下斜照化解。
二、於停車場上方之房間安置36枚古錢來安定氣場。

高壓電箱逼近

住家附近有電線桿、電桶，變電箱都會影響到住宅之磁場，也會影響居住於內人員之思緒。

● 剋應→ 因電磁波對人身體會有極大之傷害也會造成思緒不清，判斷錯誤!影響運勢!

● 化解方法：
正對變電箱安置一面山海鎮或是在靠近電桶之牆面，用4隻鋼釘或銅柱釘於牆面上。然後用銅線順時針繞5或10圈(易經解5.0為土可洩火氣)!就可以化解!

破碎損壞屋

本身家宅附近如果有破敗未修之屋，因爲其本身之地氣快速流失，進而影響附近住家之地氣也相對退敗流失，影響運勢。

● 剋應→
事業和財運受損，家運退敗。

● 面對此煞氣最好之方法爲將其清除剷平或是修復，不然對宅主本身有極不利之影響!暫時如果無法處理。
建議先安置一面山海鎮或三十六天罡鏡正對其擺設化解!
也可在家中安置一對貔貅驅邪鎮宅

十字角架

住宅周邊如正對教堂之十字架，其效應和面對廟宇之屋角煞一樣!此為靈界聚集出入之處被對到較為不吉也。

● 剋應→比較會有陰邪怪事發生。

● 化解方法：
安置一面山海鎮或太極乾坤八卦圖或是一對麒麟正對其擺設化解!!

無線電發射台

住宅周邊或是本身頂樓設置無線電之基地台！都會有煞氣產生！其無線電磁波，會影響腦神經！干擾人正常之身體機能！

● 剋應→會有判斷錯誤！且 影響身體機能之正常運作影響健康！更嚴重會有癌症發生。

● 化解方法：
正對發射器安置一面山海鎮或是在靠近發射器之牆面，用4隻銅釘或銅柱釘於牆面上。然後用銅線順時針繞5或10圈(易經解5.0爲土可洩火氣)！就可以化解！

棺材煞

現今有很多鐵皮屋工廠或是車庫其屋頂做成半圓形，遠處一看有如棺材蓋，稱之爲【棺材煞】。

● 剋應→ 小病不斷，陰煞過重憂鬱症，躁鬱症，恐荒症或自殺傾向。

● 化解方法：
安置三十六天罡或是山海鎮或太極乾坤八卦圖、也可以種一排樹來擋煞。

汽車商務旅館

汽車旅館或是KTV、歌廳、舞廳、酒家、等龍蛇混雜的公共場所，如果住家位於這些場所附近，再加上其建物如果有三角形或尖形、菱形或是不規則形，影響會很大喔。

伊典
汽車旅館

● 剋應→容易發生血光、鬥毆、是非官刑或是意外災難等效應。

● 化解方法：
安置三十六天罡或是山海鎮或太極乾坤八卦圖、也可以種一排樹來擋煞。

牆壁亂壁剝落

陽宅重氣場、以乾淨、整齊、明亮爲宜，若陽宅外牆或屋內牆面，牆壁破損剝落，表示其宅氣已敗退之兆。

●剋應→會使財運和身體健康嚴重損害、運勢逐漸衰退中宜速整修。

●化解方法：
重新整修、粉刷一新，以續其旺氣，才可以徹底化解或種三盆綠色植物增加負離子。

兩高夾一低

**陽宅兩邊之房子都比自己住宅高
此爲兩高夾一低，一世被欺!**

● 剋應 → 家運逐漸敗退、犯小人、
進取心不足、爲人固執
易犯小人中傷
長年被人欺負!

● 化解方法：
可以在貴宅之週邊平均擺放36枚
古錢提升地氣化解!

第54頁至第68頁
可以選用以下開運物品
來鎮壓制煞

■ 羅盤

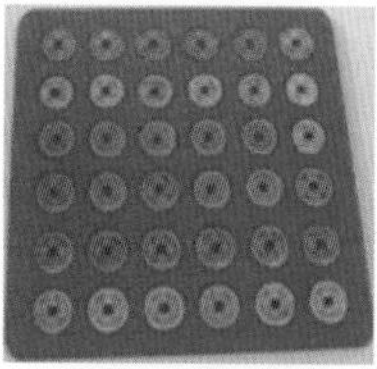

■ 三十六枚五帝錢/無框

■三十六枚五帝錢/有框

■ 風水寶瓶

■ 密教九宮八卦圖

大門前見樓梯

所謂捲簾水，就是出門正對往下之樓梯。

0920-414396

● 剋應 → 嚴重漏財、財來財去。

● 化解方法：
可以在門前安置一面山海鎮往下斜照，在大門門檻安置一組五帝錢來作化解。

火形煞

住宅前面或周圍之大樓或建築物，有出現如三角形狀之建築物出現即稱爲火形煞。

●剋應→ 火形煞氣、主脾氣暴躁、家人容易口角、是非多嚴重時會有火災之慮!

●化解方法：
安置山海鎮或是安置一對麒麟化解。

道路建築施工

住宅周邊如有道路施工或是進行建築之工事!除會影響空氣品質,噪音,雜亂財運也會受到阻礙!
需特別注意動土煞!身體有殃

● 剋應 → 財運受阻!身體不適!

● 化解方法：
麒麟有鎮宅作用可安置一對銅麒麟化解!

第70頁至第72頁
可以選用以下開運物品
來鎮壓制煞

■ 山海鎮

■ 麒麟

■ 風水寶瓶

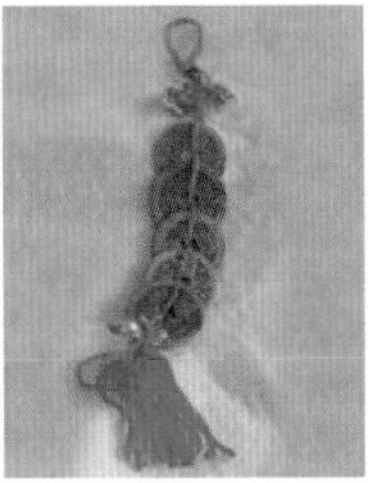

■ 五帝錢

馬路陡斜

陽宅門前馬路傾斜，會導致屋前氣場流失而不聚財及聚氣，斜坡越陡越不吉！且會有龍高虎低或是虎高龍低之效應發生。

龍高虎低

虎高龍低

● 剋應→漏財、無法存錢！
龍高虎低：會有子女離鄉及不利女人之效應。虎高龍低：有血光之災.男人事業難成。

● 化解方法：
於屋前較低這邊安置七枚古錢成七星狀，勺口向高處擺設在用一盆栽壓上。而龍高虎低者可以用三隻貔貅安置於虎邊化解。
虎高龍低者可以安置三隻銅龍於龍邊化解！

屋宅後背水

我們都知道住家前宜見水，住家背後宜靠山，才是好風水，但如果剛好相反。屋前見山屋後面水就會嚴重影響運勢和財運喔。所以如果住家背後靠水有水溝則會嚴重影響財運。

● 剋應→ 水在背後流動代表財運不穩，會有財來財去之效應無法聚財。

● 化解方法：
建議您可以於屋後安置一面山海鎮往下斜照，以收移山倒海之效來做化解。或是於屋後安置36枚古錢穩住氣場來做化解。

(缺憾煞)不正

以一間房子之正中心爲基準、那一邊有缺(空缺)代表那一方可能會有破敗。

東
南
北
西

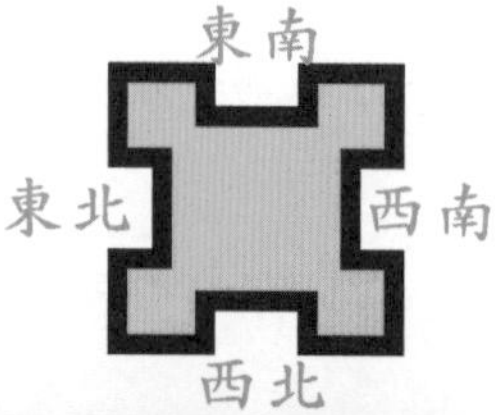
東南
東北
西南
西北

● 剋應→

東邊有缺-生活艱辛、傷大兒子
西邊有缺-惹麻煩事、傷小女兒
南邊有缺-不得安寧、傷二女兒
北邊有缺-破財意外、傷二兒子
東南有缺-生育不利、傷大女兒
東北有缺-呼吸器官、傷小兒子
西南有缺-消化器官、傷老母
西北有缺-筋骨酸痛、傷老父

● 化解方法：

安置36枚古錢於屋宅之缺角處

第74頁至第76頁
可以選用以下開運物品
來鎮壓制煞

■ 防漏龍銀/有框

■ 麒麟

■ 貔貅

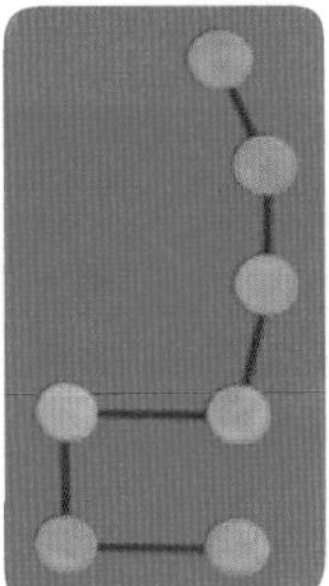

■ 防漏龍銀/無框

明堂低陷

屋宅前方之地面突然低陷，有如一出門就往下掉，會讓人無安全感，搖搖欲墜。

● 剋應→ 會有心情不定、
無安全感、
運勢不穩之效應。

●化解方法：
最好內縮而建，留一中庭明堂來化解，如果暫時無法內縮改建，建議可置山海鎮來作化解。

房屋地基低陷

屋子前方之道路，因為鋪柏油路之關係不斷加高，造成路面較高房子地基相對低陷稱為「房子低陷」。更嚴重者，就是房子本身之地基就比原本之路面低，而路面比家門高，會造成穢氣污氣聚集不散相對也會影響健康。

凹陷地

●剋應→ 事業運勢嚴重受阻，家運也會敗退，如果陰氣過重對男主人不利，也易犯小人劫財

● 化解方法：
可以安置一面山海鎮於屋前調整氣場行「移山倒海」之功效來做化解。

房屋後面加蓋

現今透天厝建築或一樓，很多利用屋後之剩餘空間來加蓋廚房使用，如要加蓋需要和前方之建築等高或是更高，不宜比前面之建築低，如果比原來之建築低，此爲前高後低也稱爲包袱屋者；「前高後低、一世被欺。」

●剋應→ 家運逐年敗退、財運不聚。

● 化解方法：
建議將加蓋之部份再行加蓋至跟前建築等高，如果暫時無法加蓋，建議可以在廚房三邊用36枚古錢，排成冂字型，將其框入來做化解。

前高後低

住宅前之地勢比屋後之地勢高或屋宅前面之建築較高，而後面加蓋之建物較低，我們都稱之為退龍格，也就是前高後低。

總太觀闆
2463-8800
0937-594 263

● 剋應→ 家運逐漸敗退！
財運漸失！
古語常說：
前高後低
一世被欺！！

● 化解方法：

安置36枚古錢於屋宅之後半部化解。

前低後高

住宅前之地勢比屋後之地勢低或則後面加蓋之建物較高，也就是前低後高!

後高
前低

● 剋應→ 家運逐漸敗退!
財運漸失恆!
古語常說:
前低後高
一洩千里!!

● 化解方法：

安置36枚古錢於屋宅之前半部化解。

第78頁至第82頁 可以選用以下開運物品 來鎮壓制煞

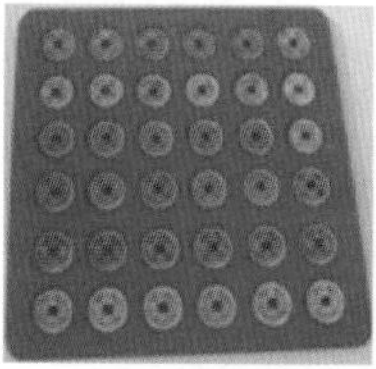

■三十六枚五帝錢/無框

■三十六枚五帝錢/有框

■風水寶瓶

■羅盤

八卦煞

因爲現今之住宅之煞氣相當多，化煞法器也相當繁雜，但有些法器雖然能制煞但也會傷及他人。須特別注意；如八卦就不宜正對他人安置，這會形成【八卦煞】其中以八卦凸面鏡影響最大，而八卦平面鏡則影響較小。

●剋應→居家不寧，怪事發生。

●化解方法：
最好之方式是商請鄰居取下改用其他方式化解，如果無法取下，您可以安置一面山海鎮或太極乾坤八卦圖正對其八卦凸鏡安置，這樣可以收其「以柔克剛」之效，來作化解。

第84頁至第84頁
可以選用以下開運物品
來鎮壓制煞

■ 密教九宮八卦圖

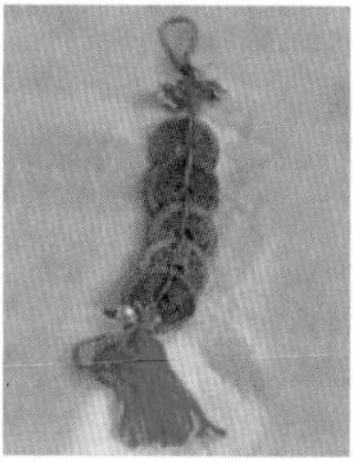

■ 五帝錢

■ 羅盤

蜈蚣煞

陽宅外局或四周環境有天線或是燈柱其上面佈滿電線或鐵絲遠看有如百蟲佈滿燈柱一樣，這就稱之爲蜈蚣煞！

● 剋應 → 容易有胃腸疾病發生！
或身體不適、生蟲！

●化解方法：
安置銅雕公雞或是木雕公雞化解雞嘴朝煞方擺放即可。

臭水溝

我們陽宅周圍如果緊鄰臭水溝不吉除會有穢氣、臭氣、溼氣和蚊蠅孳生!當然不是一個好的居住環境。

● 剋應 → 影響財運和健康!!

● 化解方法：
建議在水溝上加蓋則會減低其煞氣或是種綠色盆栽植物來淨化使穢氣減低。

栱形窗户煞

陽宅外部窗户、或內部之門框宜方正爲吉!若開拱形窗户，像似牛擔又反弓不吉，凶也!

TAXI

● 剋應 → 家運漸退,口角是非
空有夢想、壓力沉重!

● 化解方法：
建議將其改平是最佳的解決之方法，或是在拱窗之兩邊掛置五帝錢或水晶球化解。

騎樓上面的房間

住家之臥室設於騎樓上，地板下之氣場混亂氣急！造成房內氣場極不穩定！

所本製

● 剋應→ 久居必病,精神不濟！
影響夫妻和睦。

●化解方法：
可以在此房間安置36枚古錢穩住氣場來化解！

大門正對電梯門

住宅大門正對電梯門，電梯門一開一關間猶如蹲在一旁伺機而動之老虎，會有傷人之疑！其一開一關間也會造成屋宅之氣場不穩。

● 剋應 → 主血光意外！
也會有漏財之效應！

● 化解方法：
安置切面水晶球並於門檻安置一組五帝錢作化解。

髒亂堆積垃圾

住宅周邊設置垃圾桶或垃圾場會使家運急速衰退，影響身體健康!如果又正對大門最爲凶!

● 剋應→家運衰退、生病、莫明病痛、常跑醫院。

●化解方法：

建議如能將其移開最好，但如果無法移開，建議加蓋，並儘量保持乾淨，且不要有異味產生!
另可多種綠色盆栽以淨化氣場。

龍高虎低

陽宅左邊之房子比右邊之房子高
這就是龍高虎低!!

● 剋應→ 子女離鄉背景.女人較辛苦，孤苦勞碌之命!

● 化解方法：
可以在住宅之虎邊安置三隻貔貅
補足虎邊之氣場不足來化解!

孤高強風煞

目前大樓越蓋越高，蓋的越高其煞氣越大，如果居住之屋宅比周邊之房子高出太多，將會有風強氣散之疑。

日盛家具

● 剋應→不聚氣聚財、財丁不旺。

● 化解方法：
可以在屋宅周邊平均擺放36枚古錢穩住氣場，或擺貔貅一對來鎮宅。

虎高龍低

陽宅右邊之房子比左邊之房子高
這就是虎高龍低!!

●剋應→ 會有血光開刀意外之效應!!男人事業受阻無法發展!!

●化解方法：
可以在住宅之龍邊(左邊)安置三隻銅龍補足龍邊之氣場不足來化解這種缺點。

孤零屋宅

在現今鄉下，有很多農地建自用住宅使用，因爲是農地建住宅，所以附近常沒有其他住家，給人孤零零之感覺，我們稱之爲【孤居煞】。

●尅應→會有獨善其身、自掃門前雪、兄弟鬩牆、個性孤僻陰氣過重精神不佳等效應。

●化解方法：
可以在屋内安置銅龍或是麒麟鎮宅補氣場驅趕陰氣。

(虎斷)虎邊無屋

以整排之邊間而言!最右邊一間之右邊已無房子，不管是馬路或空地稱之虎斷。

福元寶
專業

● 剋應→ 家中人員會有運勢落差之現象!
缺虎邊一般指家中女人較不利!!

● 化解方法：

安置36枚古錢於屋宅之右邊化解或在虎邊安置三隻貔貅來補氣場

(龍斷)龍邊無屋

以整排之邊間而言!最左邊一間之左邊已無房子，不管是馬路或空地稱之龍斷。

● 剋應→ 家中人員會有運勢落差之現象!
缺龍邊一般指家中男人較不利!!

● 化解方法：

安置36枚古錢於屋宅之左邊化解或在龍邊安置三隻銅龍來補氣場

(財流走)順水局

房子後面比前面稍高、水來時由後面往前流走、叫做財流走。

● 剋應→很明顯、財入不敷出
一生可能很難存到錢

● 化解方法：

安置用龍銀作成之北斗七星引財圖、將財引入。

將劍頭朝內擺放自可引財成功。

第86至第98頁
可以選用以下開運物品
來鎮壓制煞

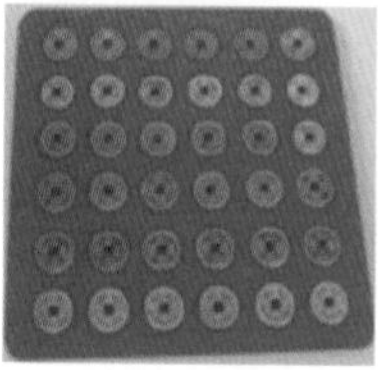

■ 三十六枚五帝錢/無框

■三十六枚五帝錢/有框

■ 防漏龍銀/有框

■ 麒麟

■ 貔貅

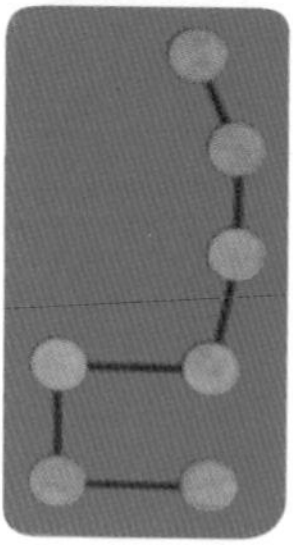

■ 防漏龍銀/無框

內部格局煞氣介紹和化解方式

（大門篇）

開門見樓梯(捲簾水)

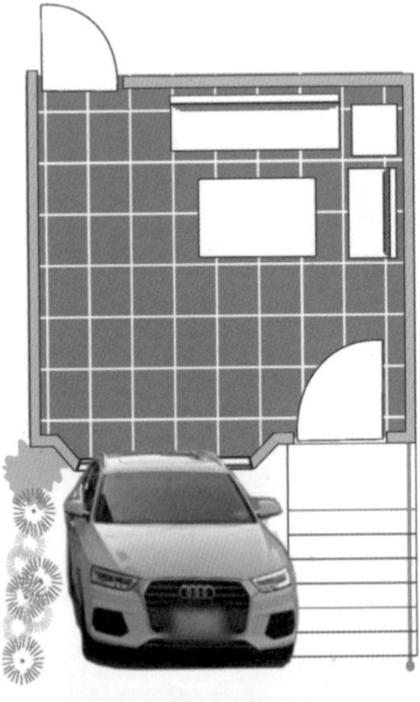

● 如有這種現象→
大門打開即正對往下之樓梯
這就是俗稱的『捲簾水』。
這會有嚴重之漏財現象!

● 化解方法：

建議您可以在門上安置一面山海鎮往下斜照，或是於門檻處掛一串五帝錢或在樓梯上放36枚六帝錢防止宅氣往下直洩！

■ 密教九宮八卦圖

■ 羅盤

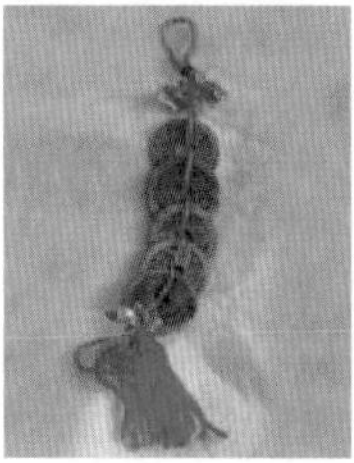

■ 五帝錢

入門即見廚房

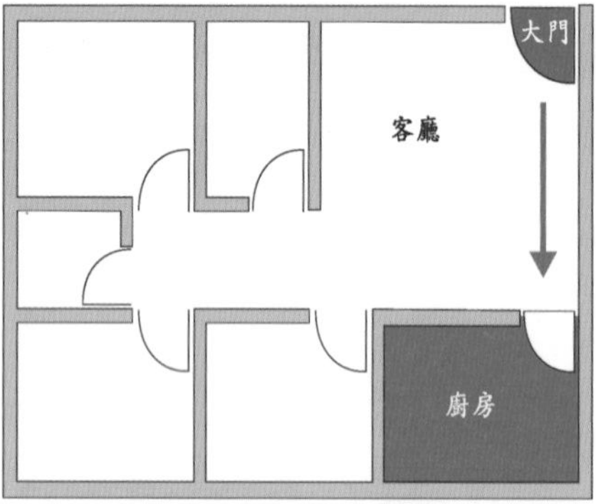
大門
客廳
廚房

● 如有這種現象→

入門見廚房：
我們一入大門進到屋內
就可以看見廚房...
我們都知道廚房亦爲財庫之所在，所以入門既見廚房，其代表花費多和家人不睦!

● 化解方法：
可以在大門與廚房之間，擺設一個不透光之屏風及在門檻上掛一串五帝錢即可化解！！

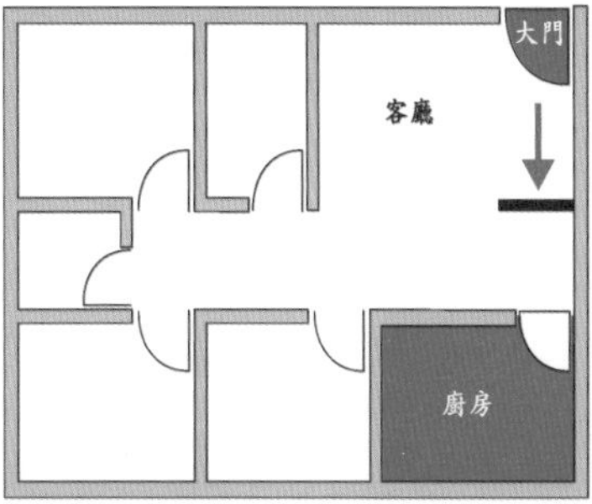
大門
客廳
廚房

■ 運勢唐卡

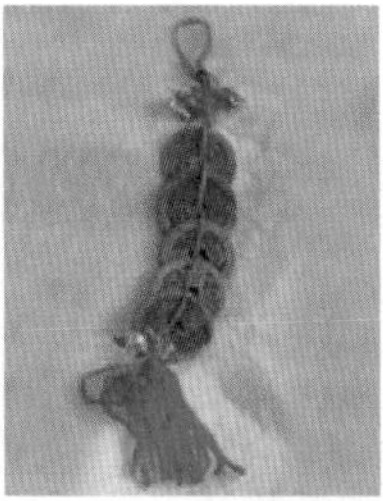
■ 五帝錢

入門斜對角開窗

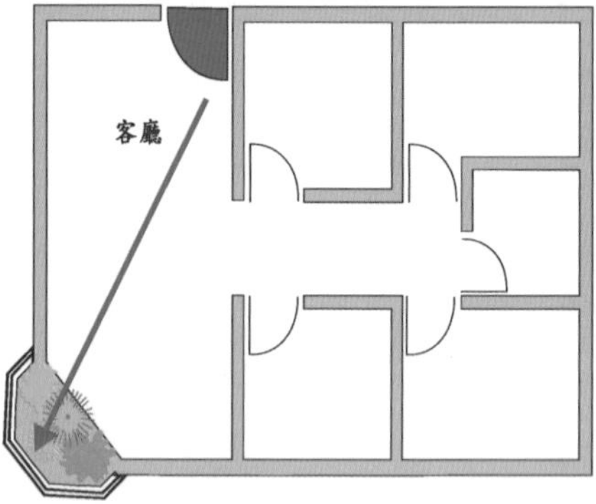
客廳

● 如有這種現象→
入門對角線爲聚氣之所在
就是我們俗稱之明財位，
如在此地開窗則氣無法聚集.
氣散則漏財!!

● 化解方法：
可以封掉約兩呎寬度之窗
户化解!或加裝窗簾
也可以在此放置晶洞聚氣!

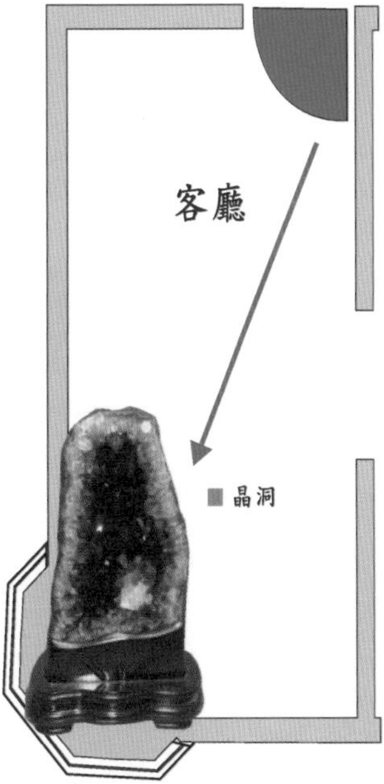
客廳
晶洞

圓拱門

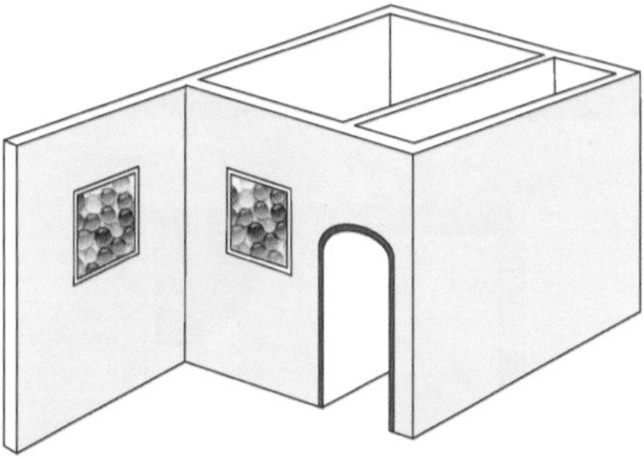

● 如有這種現象→
拱門在古代只有在宮殿或是公園公共設施才會設置，
一般老百姓如果設置拱門會有不順及無端的壓力
而且拱門狀似【牛擔】
人從門下經過好像被套上牛擔，會常感覺喘不過氣，
運勢不順而無法向前。

● 化解方法：

最好的化解方式就是將圓形部分改平，改平後之尺吋須符合文公尺之紅字才可。如果無法打平，可以在拱門兩側，各掛一串五帝錢作化解。

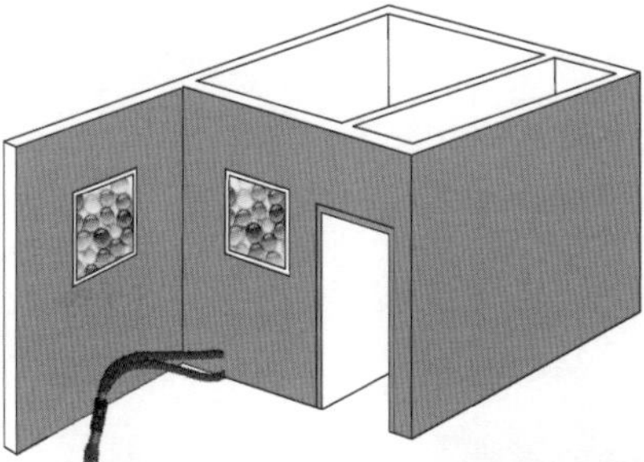

■ 五帝錢

■ 密教九宮八卦圖

穿心堂煞

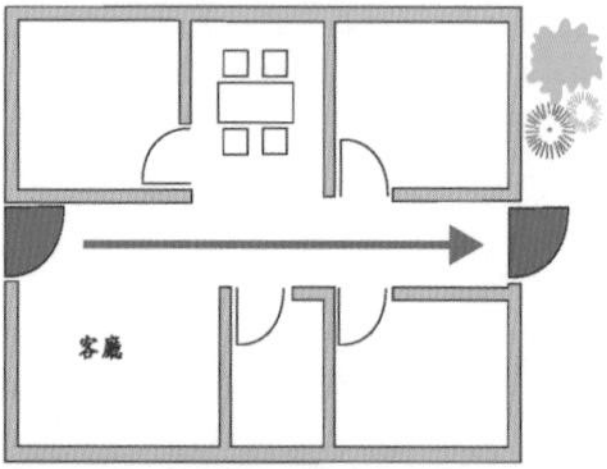
客廳

● 如有這種現象→
所謂穿堂煞就是
大門正對後門成一直線或是前面窗户正對後面窗户，房屋入氣與出氣口彼此相對，中間也沒有不透光之物體隔離，這就是穿堂煞氣!
穿堂煞之剋應就是氣剛入宅隨即而出，所以不聚氣聚財氣穿堂也會造成宅內氣場快速流動極不穩定，容易會有血光意外之效應產生!
由於其極爲嚴重
所以是陽宅第一煞氣!

● 化解方法：

如果為窗子對窗子之穿心煞
可以用封窗之方式化解！
如果是門對窗户之穿堂煞可
以採用不透光之屏風來化解！
如果不想封窗和安置屏風
可在大門門檻安置五帝錢
並在窗户用較厚重且不透光
之窗簾掛上來化解！！

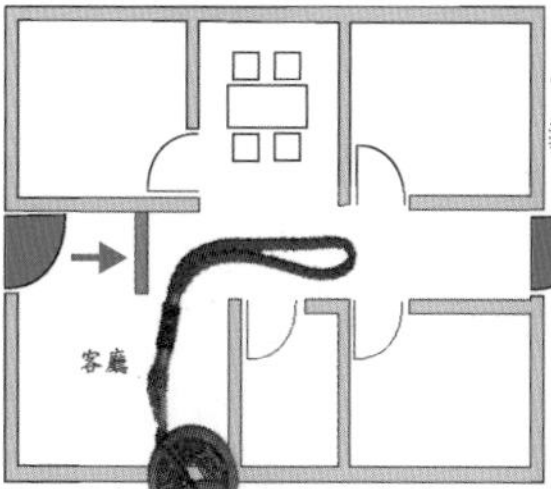
客廳

■ 五帝錢

■ 不透光門簾

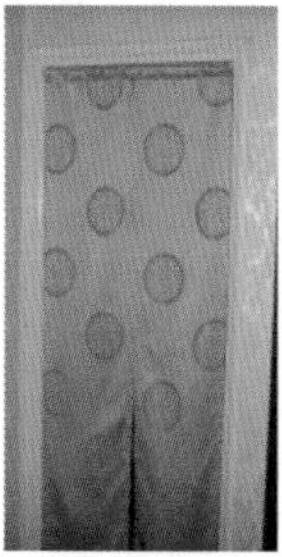

回風煞

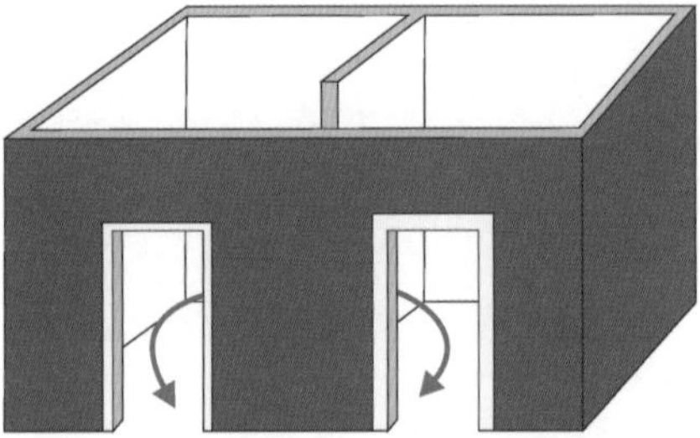

● 如有這種現象→
如果房屋格局中有在同一
空間，可在同一面牆，
讓人可以從這邊的門進，
又可以從另一個門出來，
可繞一圈回到原來之位置
這就是回風煞。
對家中男丁會較不順利
且在家會待不住！

● 化解方法：

最好的化解方式就是封掉其中一扇門，
只將門關住不開無法化解因爲有形就有煞如果無法封門建議您可以在其門檻掛一組五帝錢作化解!!

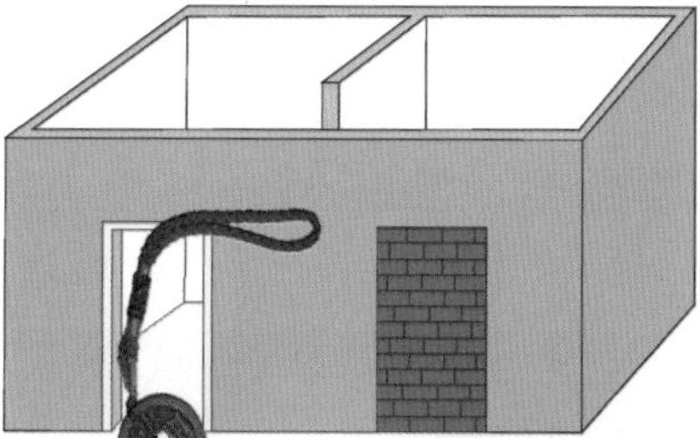

■ 五帝錢

■ 運勢唐卡

大門對大門

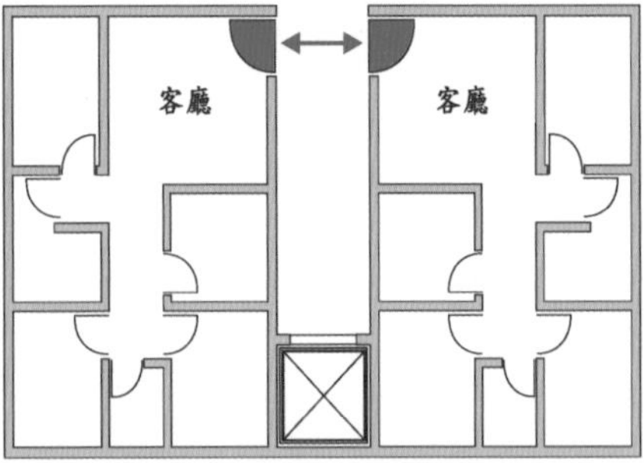
客廳
客廳

● 如有這種現象→
現在的房屋常會有出現自家大門，正對對面人家大門之情形，最直接會常有口角及刑剋的現象。
另外還會有退運的現象，
大門壓小門、
人多者壓人少者。
小門、人少者家運會漸退。

● 化解方法：

化解方式可以在大門掛上八仙綵或春聯。

建議最好在門檻上再加掛一串五帝錢，來提升自宅之氣場，化解對沖。

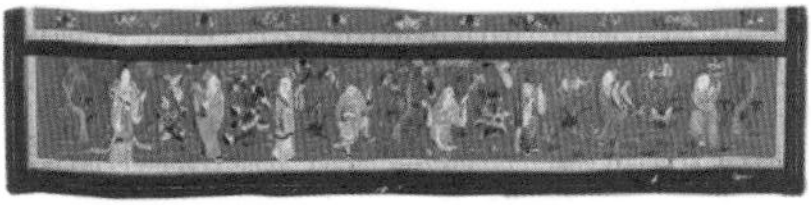

■ 八仙綵

福

■ 春聯

■ 五帝錢

大門正對向上的樓梯

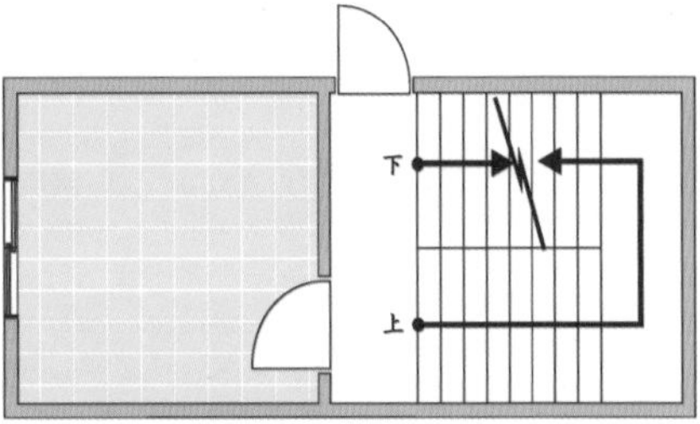
下
上

● 如有這種現象→
大門出門正對往上之樓梯
我們知道：
門爲口、樓梯爲舌，
所以最直接之效應爲口舌
樓梯下衝之氣直衝門內、
直接影響家中氣場之穩定
氣場不穩，
將會導致意外血光之效應。

●化解方法：

如果能設置玄關將下衝之氣轉換最好。

如果無法設置玄關，建議可以在門檻掛一組五帝錢來作化解。

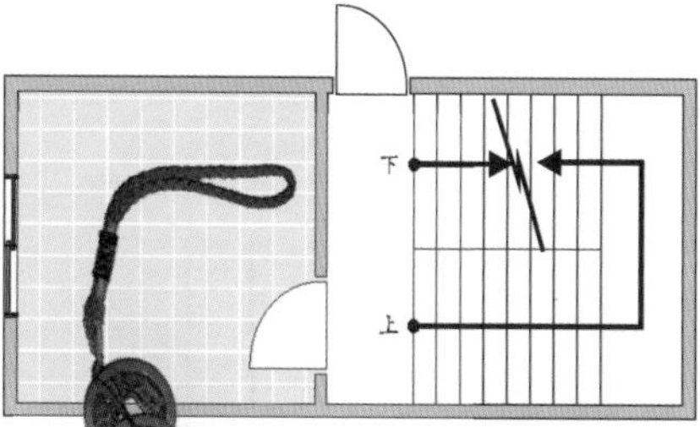
下
上

■五帝錢

■運勢唐卡

門框出現黑字

● 如有這種現象→
門框內之距離，如果用文
公尺測量出來是黑字，
就易會有不好之現象發生。
魯班尺通稱「文公尺」。
劃分爲八格，各有凶吉，
依序爲：
財(錢財、才能)、
病(傷災病患、不利)、
離(六親離散分離)、
義(符合正義及道德規範，
　或有勸慕行善)、
官(官運)、劫(遭搶奪、脅迫)
害(罹患)、本(事物的本位或
　本體)。
一般常見的魯班尺又分爲
上下兩個部份：
上半部爲文公尺：
用於陽宅、神位、佛具尺寸。
下半部爲丁蘭尺：
多用於陰宅、祖龕。

● 化解方法：

如果高度出現黑字，可以想辦法加高門檻到符合紅字之尺吋來化解。

寬度如果爲黑字，可以改門當然最好。

如果眞的無法改門，建議您可以在門檻上掛一組五帝錢來作化解。

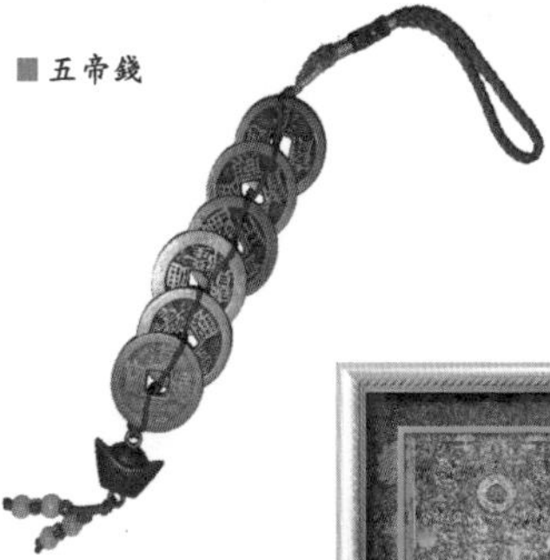

■ 五帝錢

■ 運勢唐卡

大門被壁刀切到

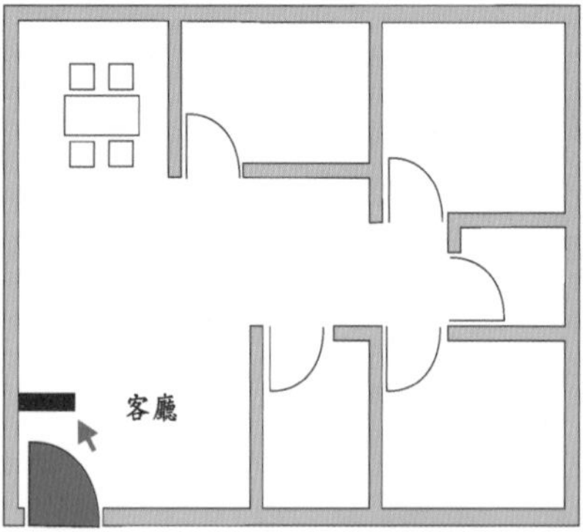
客廳

● 如有這種現象→
客廳大門一入門就被室內壁刀所切，
這會有血光開刀之現象，
切到左邊會傷男性，
切到右邊會傷女性。

● 化解方法：

可以將玄關擴大直接遮擋住門。

建議可以在門檻掛一組五帝錢，或是於切到處，掛一串六帝錢來作化解。

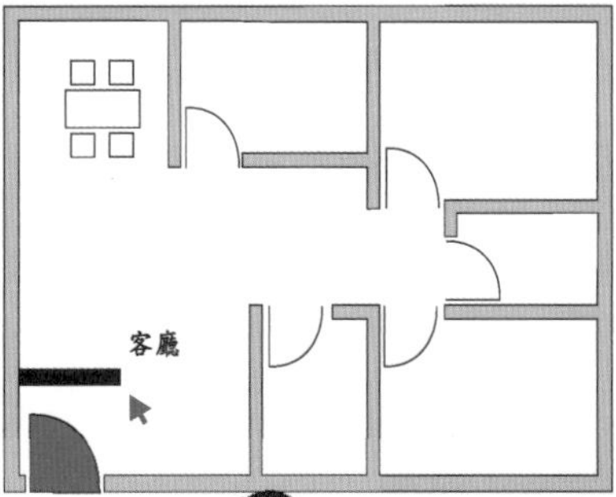
客廳

■ 五帝錢

■ 密教九宮八卦圖

子母大小門

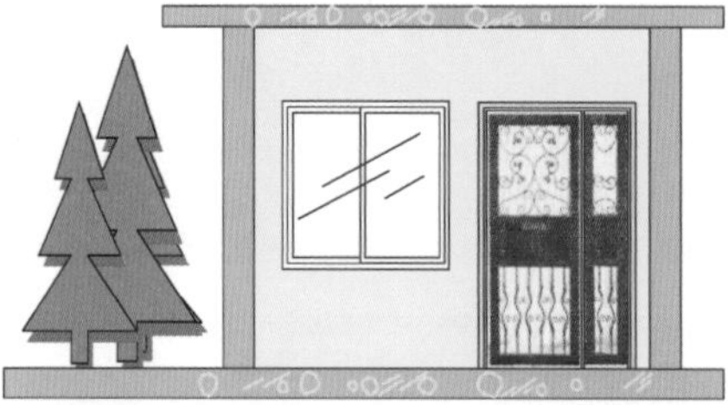

● 如有這種現象→
大門的門開左右兩面，
而且大小不一樣，
左大右小者：
較會有不利女主人健康或
會有離婚之現象，
右大左小者：
會有不利男主人健康或是
事業及婚姻的情形。
如果家中有安置神桌，
其現象會更大，
要儘快更改或是化解。

● 化解方法：

最好將其改換成一片式之大門為佳。

如果暫時無法改門。

可以於子門內側之門檻掛一組五帝錢，來作化解。

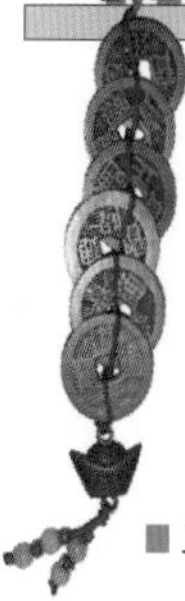

■ 五帝錢

■ 運勢唐卡

兩扇出入大門

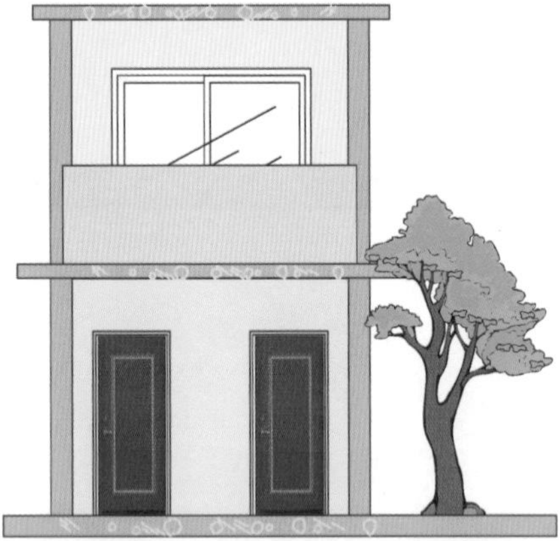

● 如有這種現象→
一棟陽宅如果入口處同時開兩扇大門，
其形狀好像雙口'哭'煞。
它產生最大之現象就是：
家中較會有悲哀的事發生，
有官非及口角產生。

●化解方法：

化解之方式，就是將其中一扇門完全封死。

封門最好用水泥牆封實，最佳且漆成同顏色。

如封單面反而會有陰陽門之效應，反而不好。

如果暫時無法封門，建議您可以在門檻上掛一串五帝錢來暫時化解。

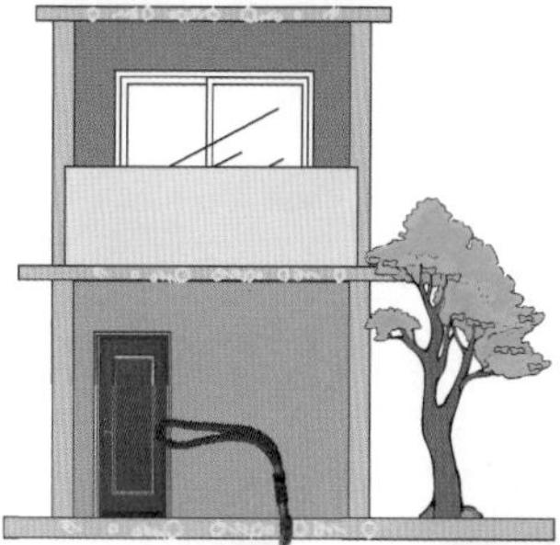

■五帝錢

■運勢唐卡

橫樑壓門

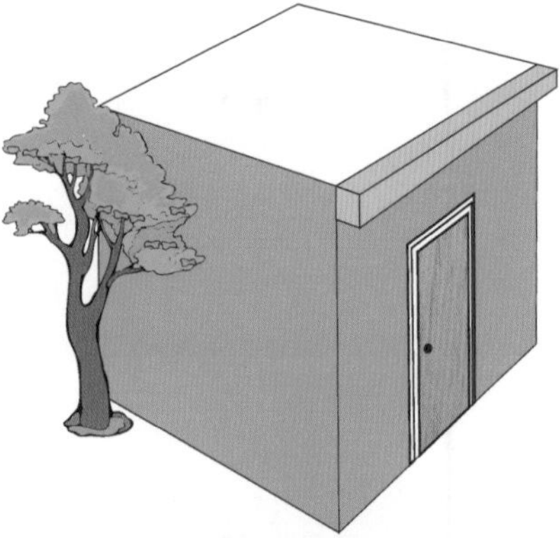

● 如有這種現象→
大門上方或是房門如果有
橫樑平行經過，
並且出現壓門之情形，
家中的人員會時常出現
莫名的壓力，及頭痛問題
長期被壓易抬不起頭。
且運勢會一直無法開展。

●化解方法：
建議您可以在樑上兩邊各掛一串五帝錢將樑壓頂上。

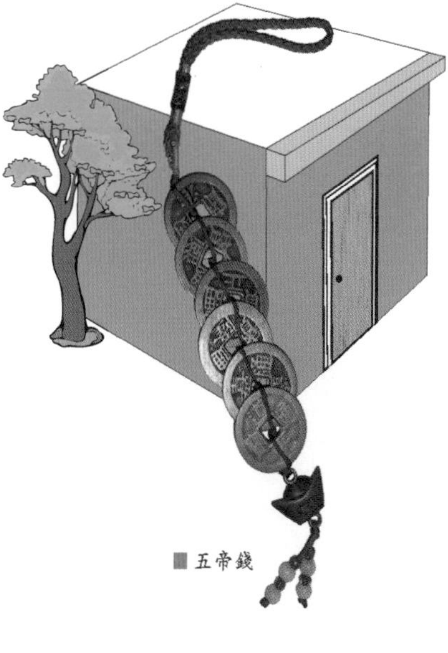

■五帝錢

門開於鬼線或是開斜門

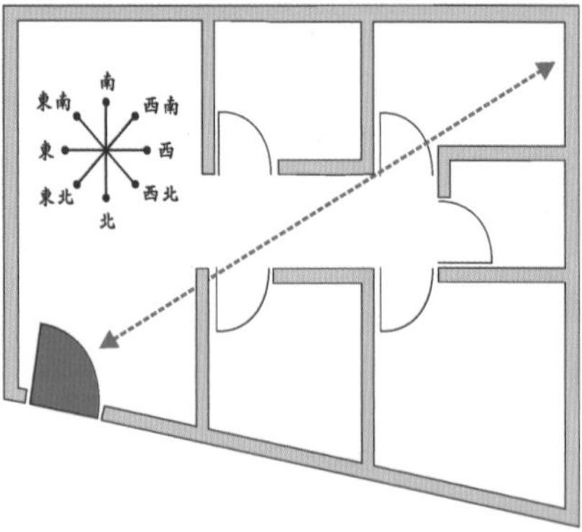
南
東南
西南
東
西
東北
西北
北

● 如有這種現象→
住宅大門如開於東北或西南方之鬼門線上，
或是門開之方位不好。
或是門未開正、而成斜開。
家裡易有招陰和內神通外鬼陰邪怪事之現象發生。

● 化解方法：

最好之方式是修改門向，
如果無法改門向。
建議您可以在門檻邊貼
春聯以闢邪納吉，
或是在門上掛置一面羅盤
來作化解。

■ 春聯

■ 羅盤

三門直通

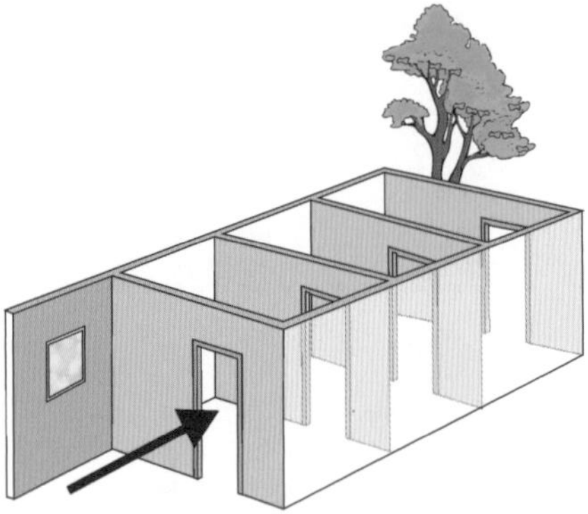

● 如有這種現象→
陽宅如果出現三扇門同時正對互通，且直通外面，這樣會比穿堂煞更爲嚴重會有
急速漏財和敗退之現象。

● 化解方法：

化解之方式，設置一道不透光之玄關或每一道門都加掛不透光之門簾及一串五帝錢來作化解。

■ 五帝錢

■ 不透光門簾

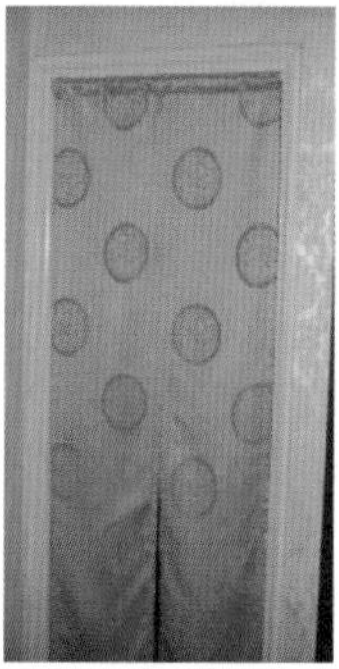

■ 運勢唐卡

內部格局煞氣介紹和化解方式

（客廳篇）

沙發背門擺放

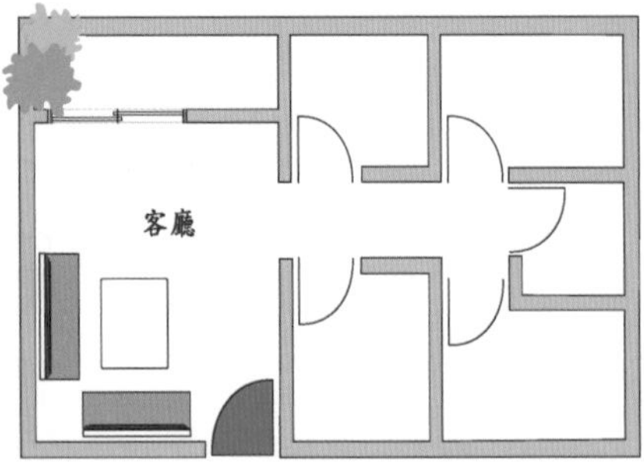
客廳

● 如有這種現象→
客廳主沙發之位置很重要!
● 擺設如果錯誤
會導致犯小人之問題，
坐在主沙發上
要能可以順利監看到
大門出入之情形!
不可以背對門而擺放，
不然是容易犯小人乞!

● 化解方法：

就是將主沙發之位置作調整！
才可以完全化解！
如果暫時無法調整，
可在客廳安置一隻青龍座！
來鎮壓小人之煞氣！

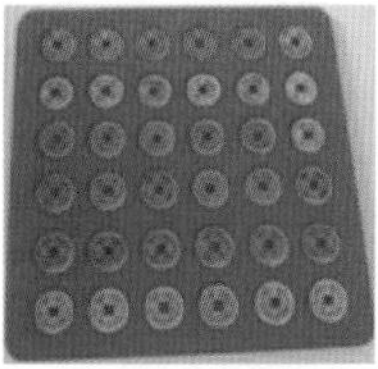

■ 三十六枚五帝錢/無框

■ 三十六枚五帝錢/有框

■ 五帝錢

■ 銅龍

落地採光面

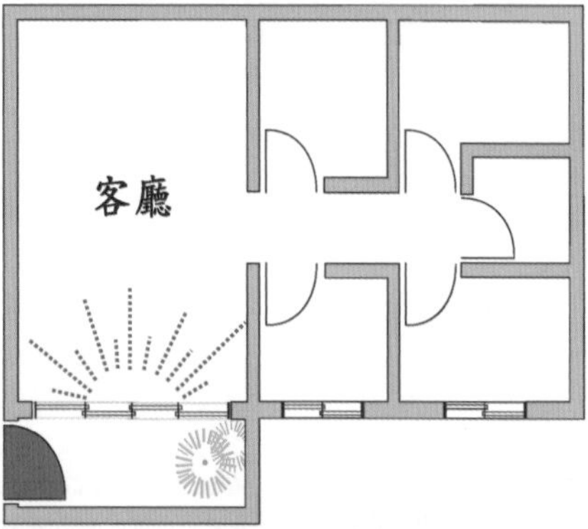
客廳

● 如有這種現象→
如果貴宅爲公寓式之建築。
您需以貴宅客廳落地窗爲向
所謂採光面
就是以貴宅開窗最多
的那一面爲貴宅之向！
一般都會落於貴宅的客廳
大落地窗這面！

● 化解方法：

像圖中所示，
該宅之採光面朝北
所以該宅為
座南朝北之陽宅!
而不是座西南朝東北。

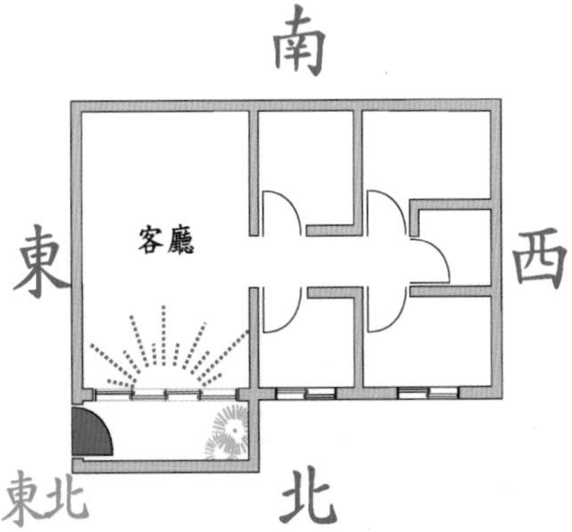
南
東
客廳
西
東北
北

沙發沖到門

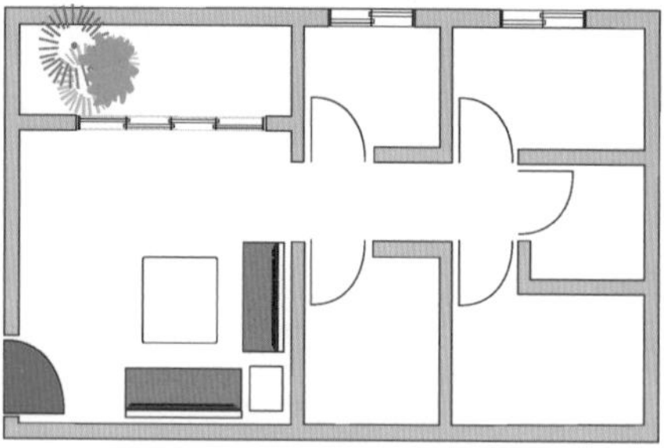

● 如有這種現象→
客廳沙發正對大門擺設，
氣場會極不穩定。
對住家人員運勢不利
在家會坐不住
一天到晚都想往外跑。

● 化解方法：

化解方式就是
調整主沙發位置。
如果無法移位，
置一道玄關來降低其煞氣。
或在沙發邊掛一串五帝錢。

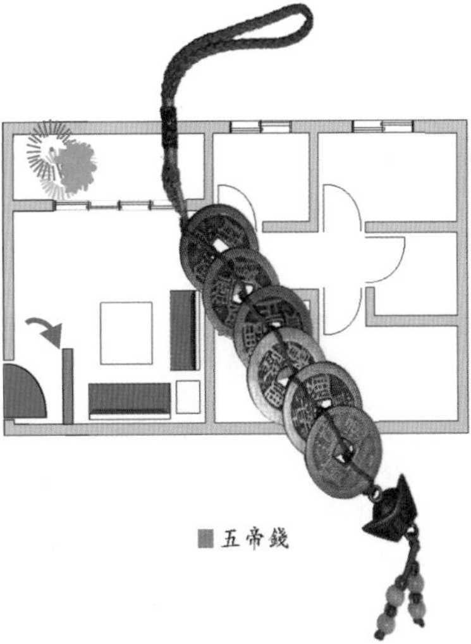

■五帝錢

沙發背後無靠實牆

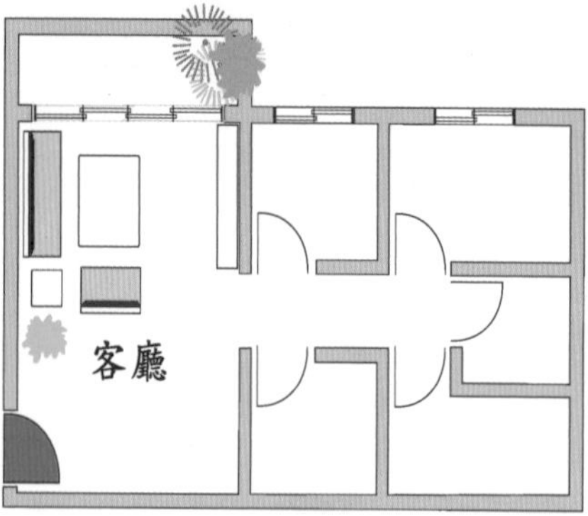
客廳

● 如有這種現象→

主沙發背後無靠實牆，
氣場會極不穩定。
其最主要之效應，
爲運勢反覆，
無貴人。

●化解方法：
化解方式就是
調整主沙發位置
讓其靠實牆爲佳。
如果無法移位，可以在其
沙發背後掛一串五帝錢或
安置36枚六帝錢形成一道
氣牆來穩住氣場。

■五帝錢

■36枚六帝錢

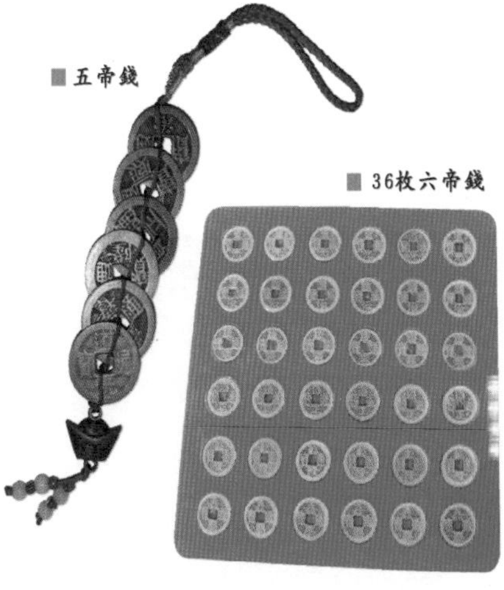

沙發背後爲走道

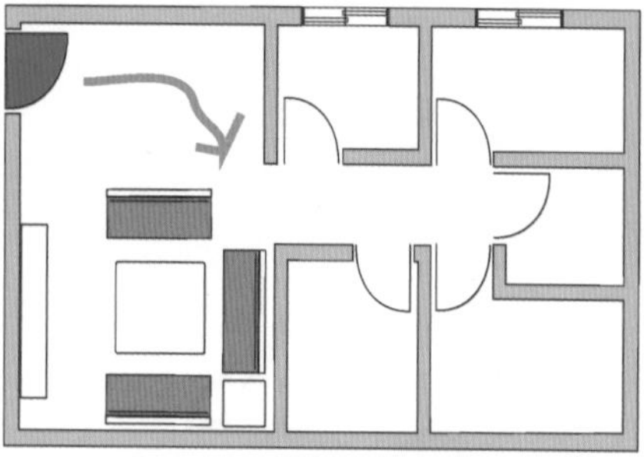

● 如有這種現象→
客廳的沙發背後如爲走道，
氣場會極不穩定。
其最主要之現象，
對家人運勢不利，
而且會出現內賊亡。

● 化解方法：
化解方式就是
調整主沙發位置
讓其靠實牆為佳。
如果無法移位，可以在其
沙發背後掛一串五帝錢或
安置36枚六帝錢形成一道
氣牆來穩住氣場。

■ 五帝錢

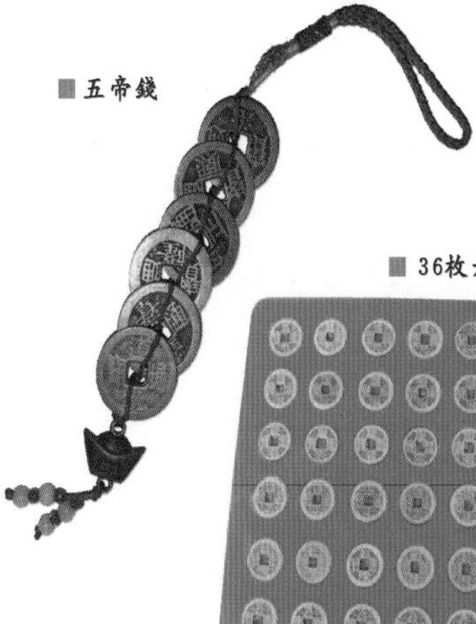

■ 36枚六帝錢

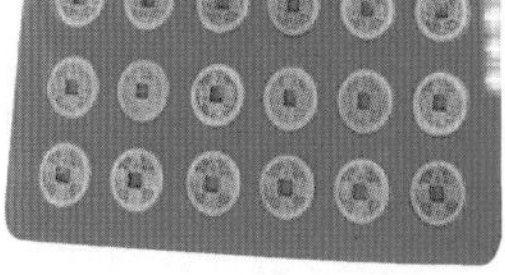

客廳陰暗無光線

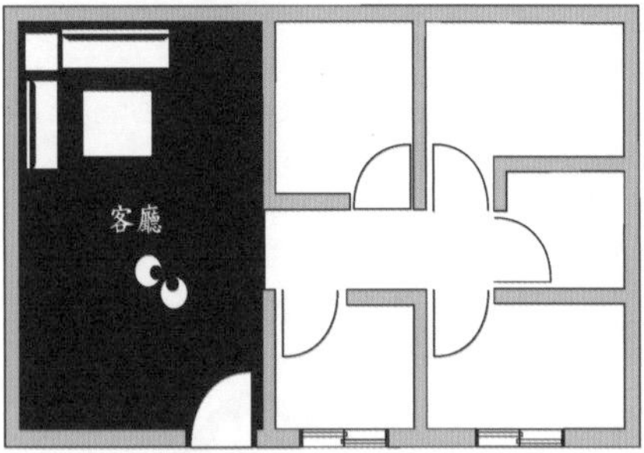
客廳

● 如有這種現象→
明廳暗房是陽宅基本準則，
客廳是陽宅之內明堂，
也是接氣納氣之處，
如果客廳完全沒有採光，
將會嚴重影響前途，
也會嚴重損害視力健康，
人會趨向悲觀保守、
越來越自卑不敢向前。

● 化解方法：
就是更改格局或開一扇窗。
如果無法更改格局，
建議客廳之照明採用太陽
光之省電燈泡為照明工具
補足客廳之氣場不足。
可以在客廳內安置麒麟或
是銅龍，
增加住宅之陽氣來作化解。

■ 銅龍

■ 銅麒麟

天花板過高或過低

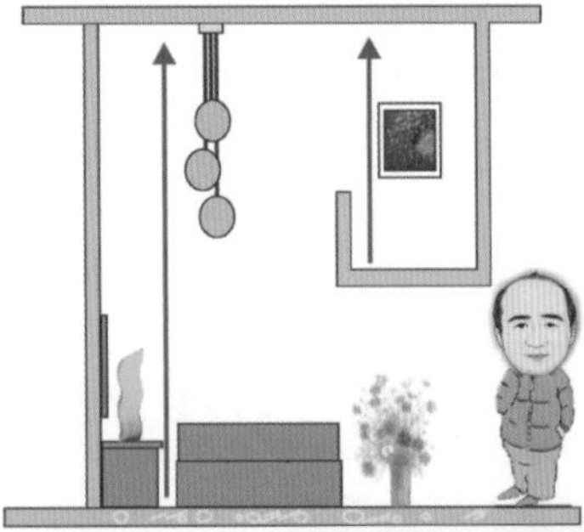

● 如有這種現象→

1.天花板過高：
客廳挑高之房子，會有向天屋之現象。會有、精神不好、愛面子、勞身耗財之效應。

2.天花板過低：
會有壓迫感，呼吸氣管會出現毛病，人也會變的遲鈍、而且不敢抬頭，
運勢將會嚴重受阻。

● 化解方法：
在設計天花板高度時
高度不要超過390公分高，
不要低於260公分為宜。
如在家中擺一對麒麟可增
加貴氣。

■ 銅麒麟

■ 密教九宮八卦圖

地板高低不平

● 如有這種現象→
地板不平有幾種情形如下：
1.左高右低：
有大欺小孤苦勞碌之象。
2.右高左低：
有血光意外、男運差。
3.前高後低：
一世被欺，家運漸退。
4.地勢高高低低：
前途運勢坎坷，血光不斷。

● 化解方法：

就是重新將地板鋪過。
如果無法重新鋪地板，
可以先在低的一邊
沿牆邊平均安置36枚古錢
來化解，如果為高高低低
則將36枚古錢平均安置於
週邊來化解。

■三十六枚五帝錢/有框

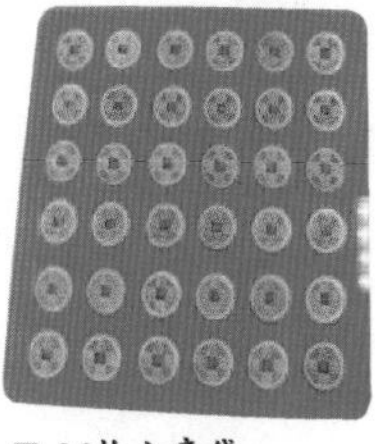

■ 36枚六帝錢

入門即見餐桌

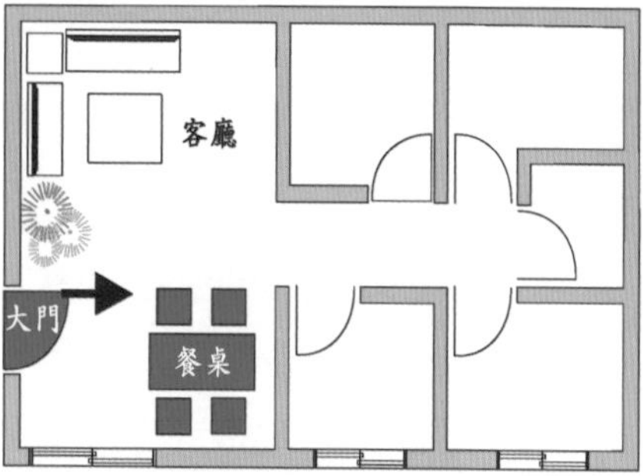
客廳
大門
餐桌

● 如有這種現象→

如果讓人一進門就看到餐桌這會有漏財之現象。

●化解方法：

建議您調整餐桌之位置，或是用屏風做阻隔，或是乾脆將餐桌收起來。

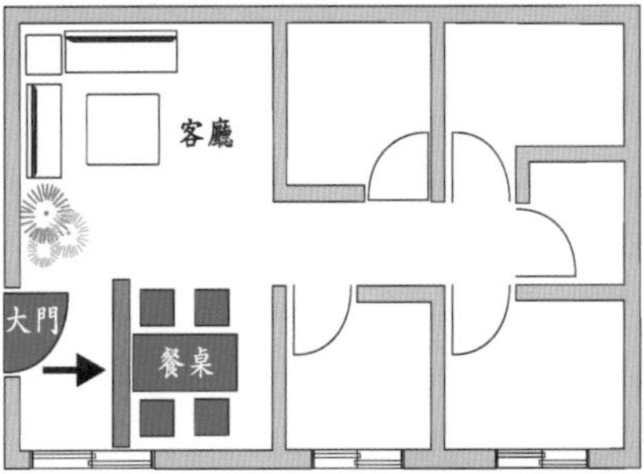

客廳
大門
餐桌

■銅麒麟

■密教九宮八卦圖

內部格局煞氣介紹和化解方式（廚房篇）

門沖到瓦斯爐

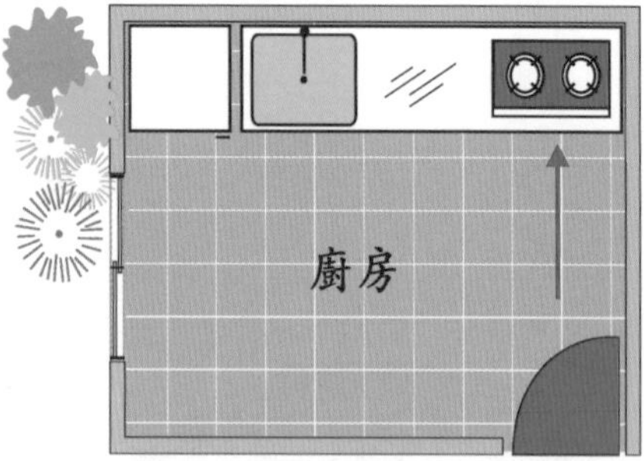
廚房

● 如有這種現象→
廚房門沖到瓦斯爐!
會有漏財和家人不睦
之現象發生!
有口角.官非訴訟產生
會時常病痛、脾氣暴躁等。

● 化解方法：
最好能調整瓦斯爐之位置！
如果暫時無法調整！
您可以在廚房門掛
一串五帝錢！
並加掛長布簾來擋形煞！
以降低煞氣發生！

■ 不透光門簾

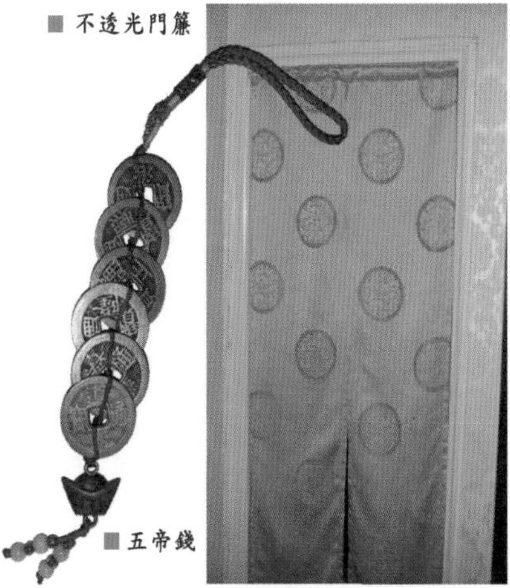

■ 五帝錢

廚房門對廁所門

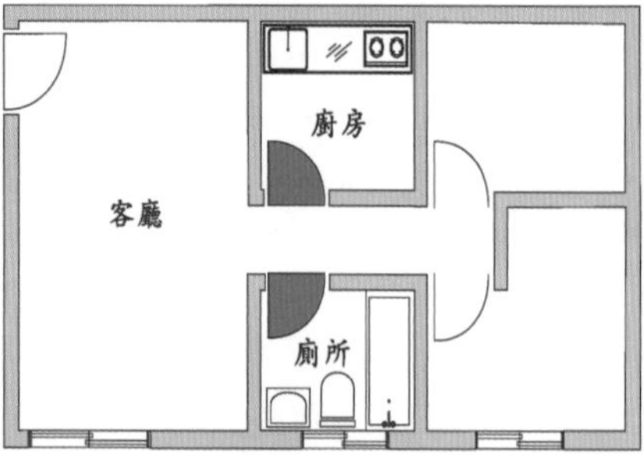
廚房
客廳
廁所

● 如有這種現象→
廁所門對廚房門：
廁所之穢氣會直衝廚房內
因為廚房為烹煮食物之處，
所以會影響食物乾淨衛生，
故家人會有腸胃不好.
消化系統差之現象!

● 化解方法：

可以在廁所門和廚房門各
掛上長布門簾和五帝錢
來阻絕穢氣流出！
布簾之長度以超過瓦斯爐
面之高度為準，也必需超
廁所馬桶之高度為宜門簾
之材質以不透光之材質為
宜，不可為蕾絲或是珠簾！

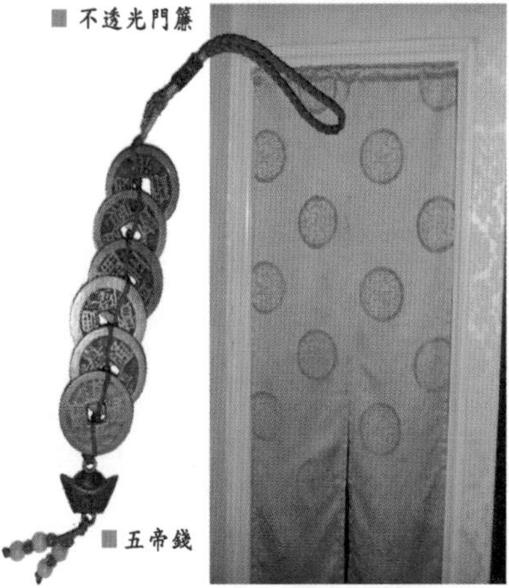
不透光門簾
五帝錢

入門見廚房

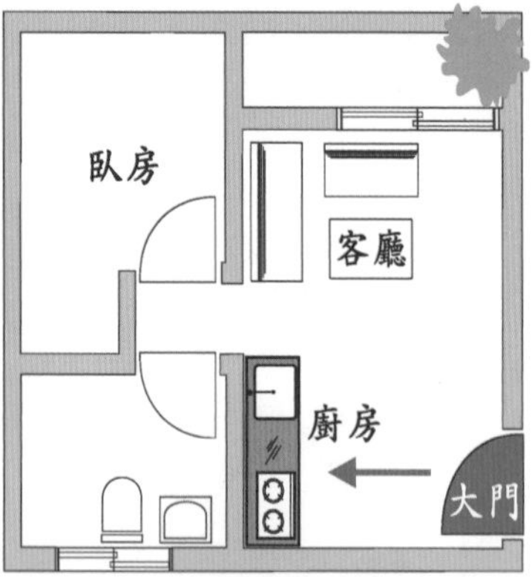
臥房
客廳
廚房
大門

● 如有這種現象→
我們剛從外面一進到屋內
即馬上看見廚房...
廚房爲財庫之所在，
所以入門先見道廚房，
其現象爲漏財和家人不睦。

● 化解方法：
可以在大門入門以後設置
一道不透光之屏風
即可化解！

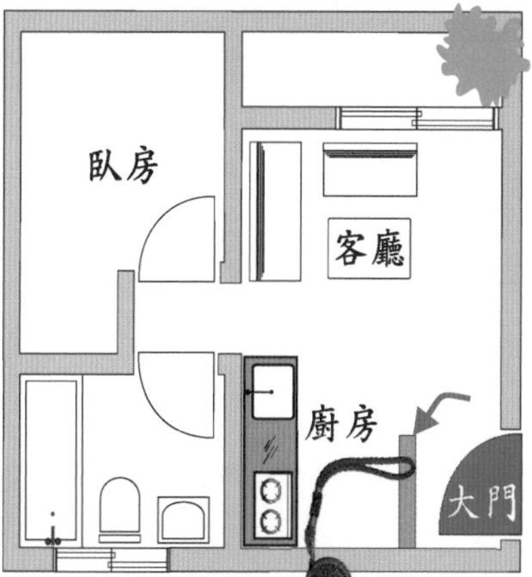
臥房
客廳
廚房
大門

■ 五帝錢

瓦斯爐和水槽相鄰相對

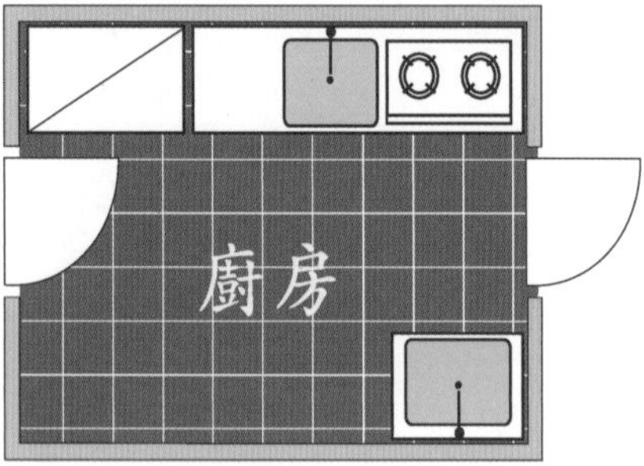
廚房

● 如有這種現象→
瓦斯爐和水槽如果緊鄰
或是相距不到50公分,
或是相對沖!
這叫作犯水火相剋之象!
會有
嚴重漏財和開刀之現象!

● 化解方法：
最好將水槽或是瓦斯爐
之位置作調整！
才可以完全化解此效應！

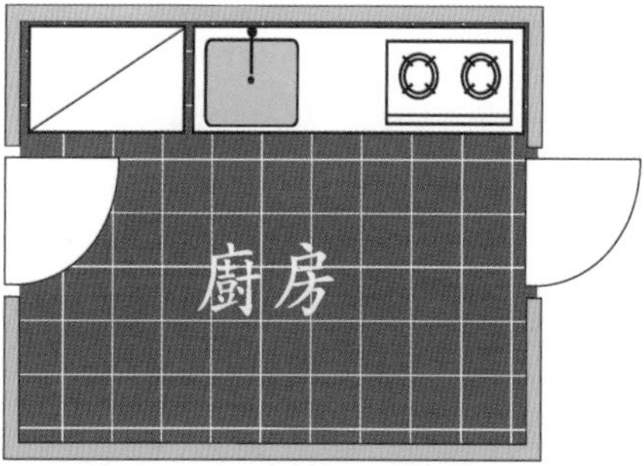
廚房

冰箱和瓦斯爐相對

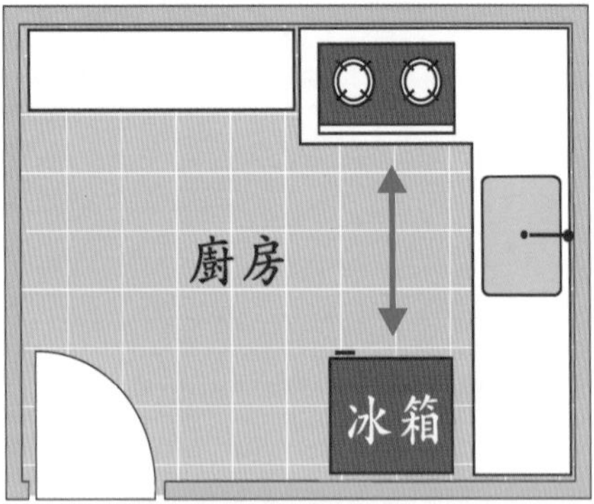
廚房
冰箱

● 如有這種現象→
廚房的冰箱正對瓦斯爐
此爲犯水火相剋之局
會有漏財和意外血光
子孫不孝的現象發生！

● 化解方法：
要化解這種煞氣
目前無法藉由法器化解！
建議您將冰箱移開化解！

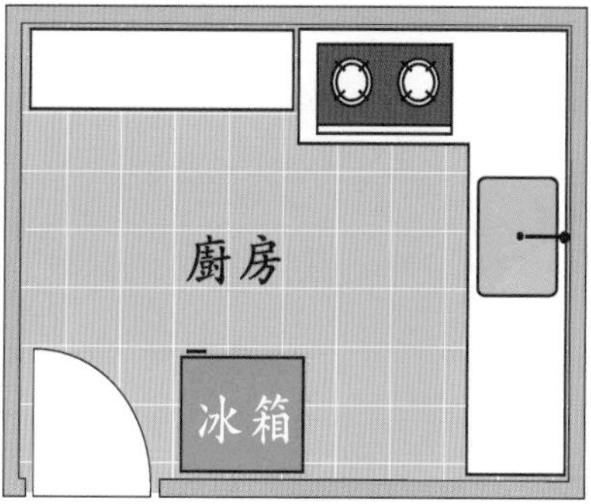
廚房
冰箱

■ 五帝錢

門沖到冰箱

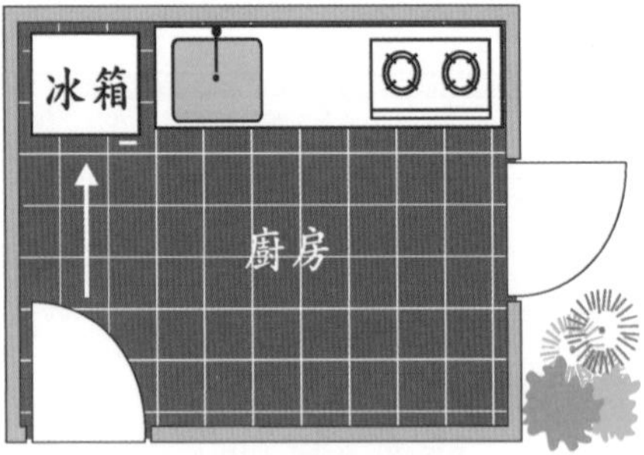
冰箱
廚房

● 如有這種現象→
廚房的冰箱沖門：
這會對家中女主人不利，
且會有漏財之現象發生。

● 化解方法：
最好能調整位置
如果暫時無法調整！
您可以在廚房門掛
一串五帝錢！
並加掛長布簾來擋形煞！
以降低煞氣發生！

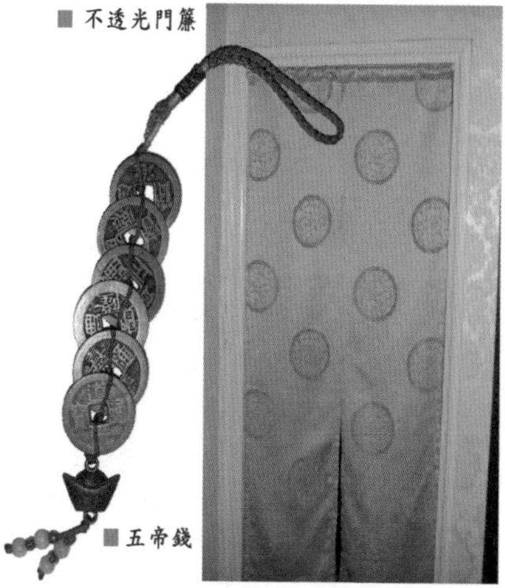
■ 不透光門簾
■ 五帝錢

化糞池位於瓦斯爐下方

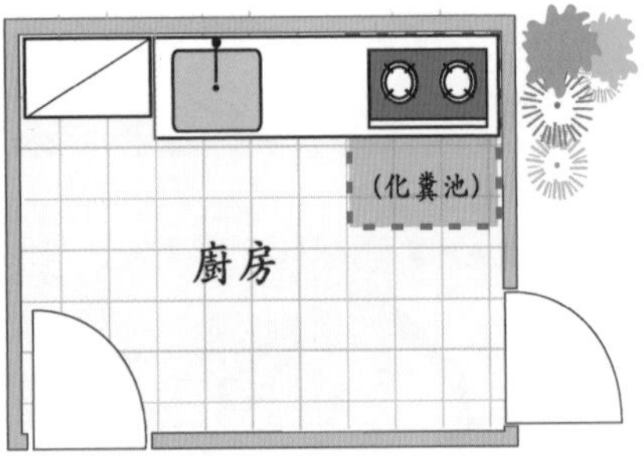
(化糞池)
廚房

● 如有這種現象→

透天之建築常常會將
化糞池置於屋內，
如果剛好位於瓦斯爐下方
這將會導致家宅人員病痛
連連、且有致癌現象！

●化解方法：
因爲這種煞氣很嚴重所以建議將瓦斯爐移開爲宜！

在瓦斯爐下安放
三十六枚五帝錢

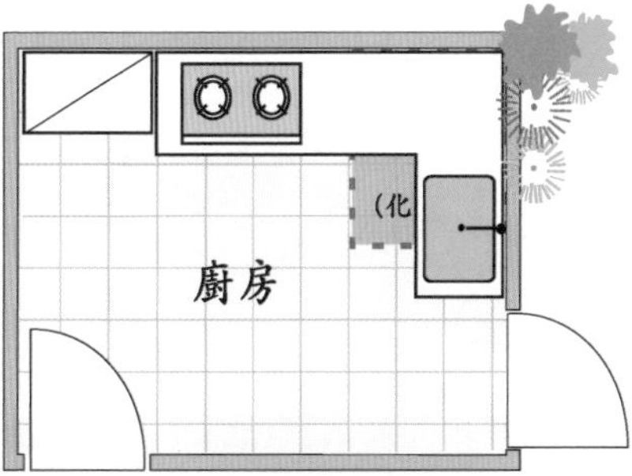
(化
廚房

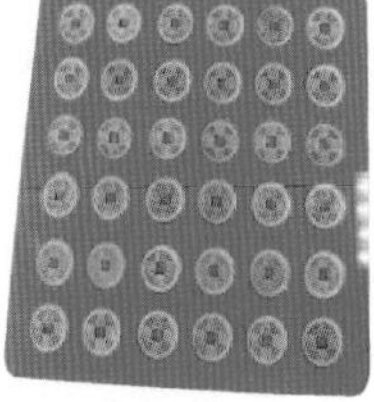

■ 36枚六帝錢

橫樑壓灶

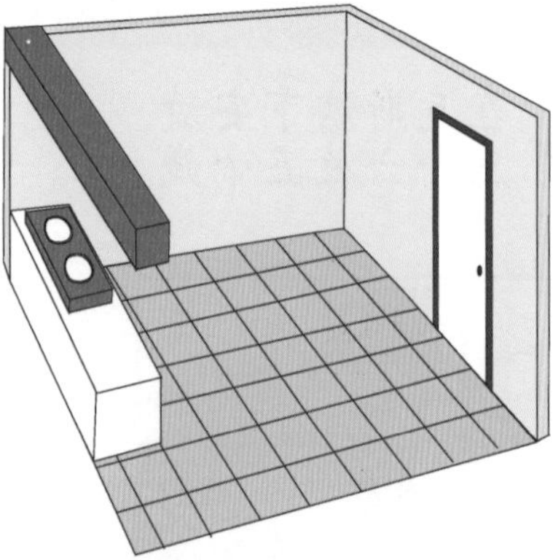

● 如有這種現象→

廚房瓦斯爐上方如被樑所壓，
不管是直樑或是橫樑，
都會對家中
女主人健康嚴重之影響，
會有
開刀血光病痛不斷的現象。

● 化解方法：
可以在瓦斯爐上方的
橫樑兩端同一側面
掛上一對葫蘆和五帝錢或
一對麒麟踩八卦來作化解。

■ 五帝錢

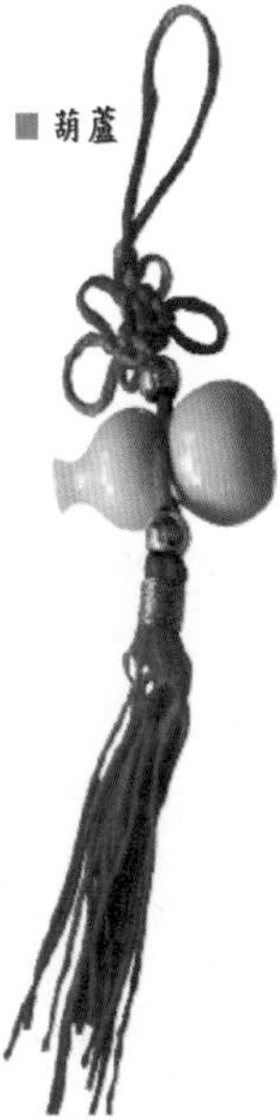

■ 葫蘆

■ 銅麒麟

水溝穿過宅底

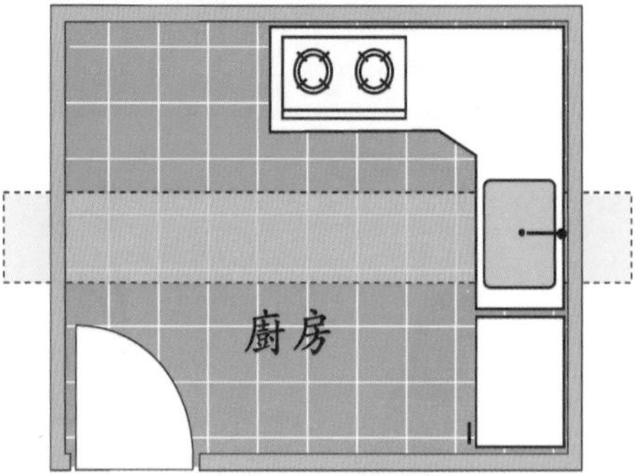
廚房

● 如有這種現象→

獨棟或平房水溝位於宅下：
並穿過自宅，此會導致嚴重
漏財!如果又位於瓦斯爐下方
影響更大，
嚴重影響家人健康。

● 化解方法：

如果將水溝改道最好！
如果暫時無法改道，
建議您可以用36枚古錢，
平均安置於水溝上穩住氣場！或是在水溝之出入口各安置一座銅龍鎮宅！

■ 36枚古錢

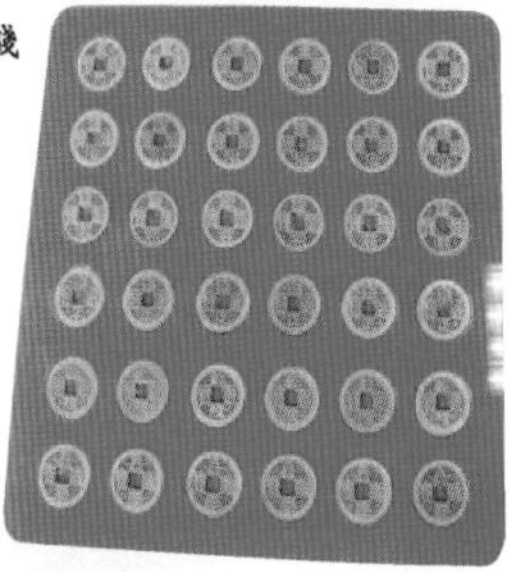

■ 銅龍

瓦斯爐凹低陷

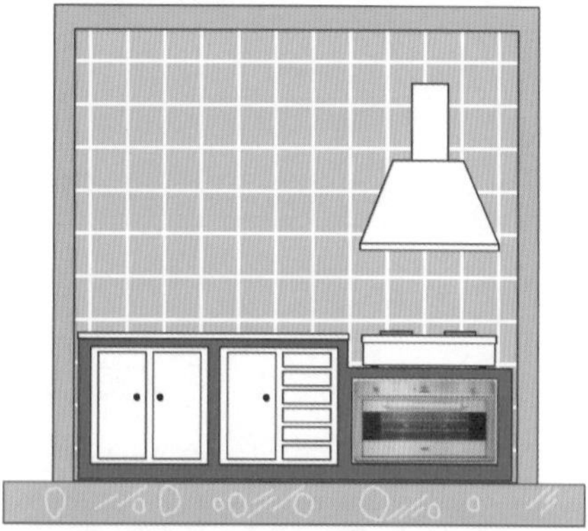

● 如有這種現象→
有很多流理台之設計
將瓦斯爐之位置低於檯面
此為【財庫低陷】
會有財運敗退的現象。

●化解方法：

將檯面之位置重新打平，
或在瓦斯爐底下放置
三十六枚六帝錢、這樣就
可以徹底化解此煞氣。

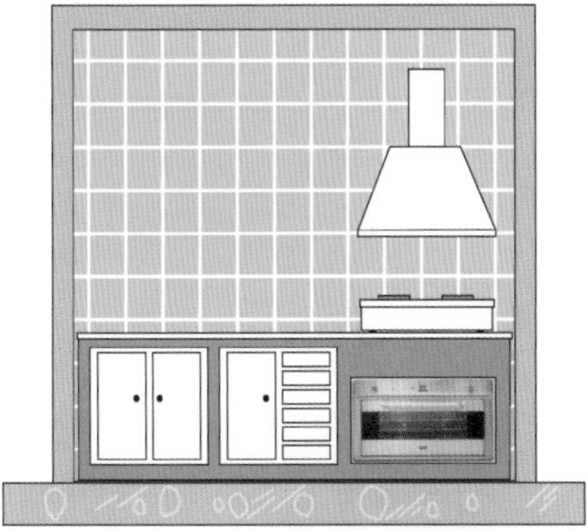

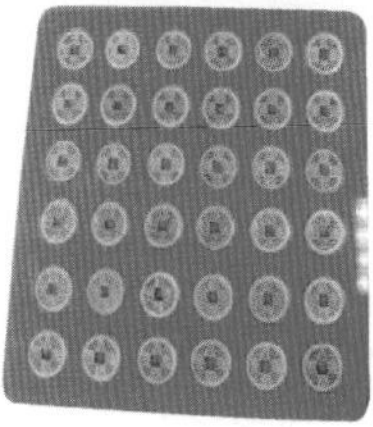

■ 36枚古錢

穿宅心煞

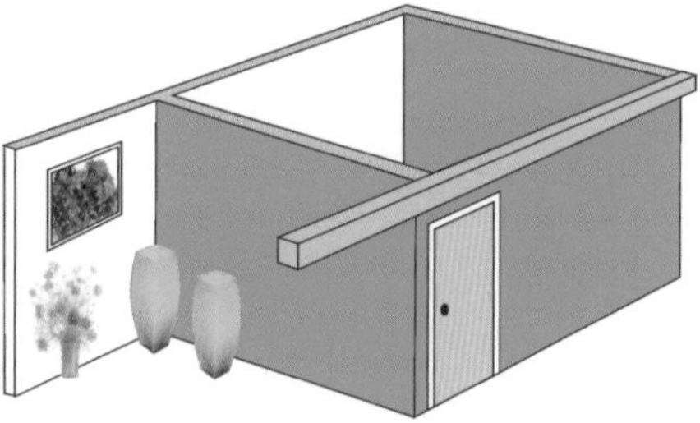

● 如有這種現象→

在住宅中有橫樑從門上穿入：不管為大門或是房門或是廁所門都一樣！會有有苦說不出且有吃悶虧之現象發生！

● 化解方法：
可以在門內外樑之同一側邊各掛一顆水晶球或是麒麟踩八卦或是五帝錢作化解！

■水晶球

■五帝錢

■銅麒麟

門或壁刀切瓦斯爐

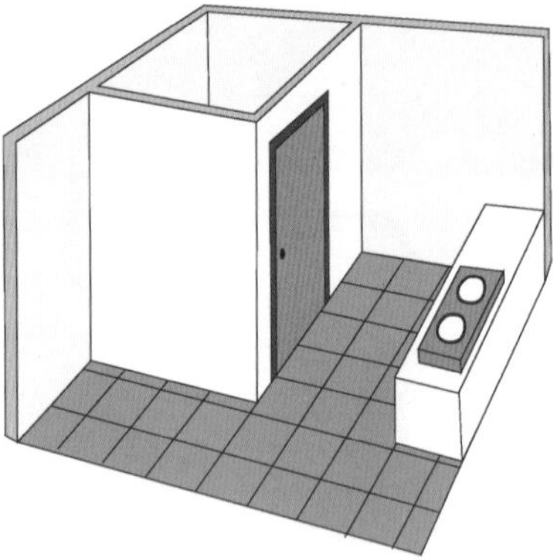

● 如有這種現象→
門切到瓦斯爐或是
有壁刀對瓦斯爐的現象，
會有血光開刀的現象。
尤其
對家中女主人最不利。

●化解方法：
建議您
可以在爐灶上方被切到處
掛置一隻麒麟踩八卦
正對壁刀處來化解之。

■五帝錢

■銅麒麟

增建的廚房(包袱屋)

● 如有這種現象→
鄉下有很多透天住宅，
爲了增加使用面積，
所以會在原本之屋後
地上增建爲廚房之用，
且其擴建時只加蓋一層。
這樣從外面看似一個人揹
著包袱一樣，這會有嚴重
退運和漏財的現象。

● 化解方法：

可以在屋後用36枚六帝錢來提昇宅運防止漏財現象發生。

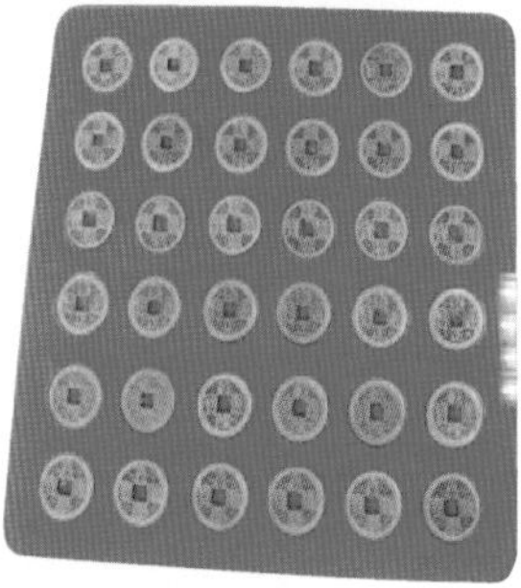

■ 36枚古錢

■三十六枚五帝錢/有框

瓦斯爐對窗户

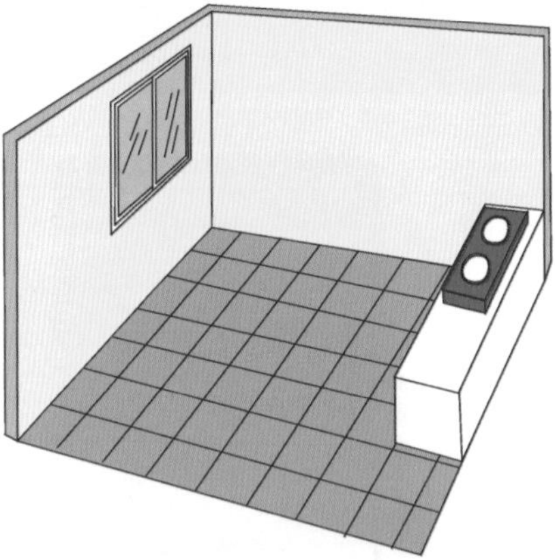

● 如有這種現象→
瓦斯爐面對窗户，
窗户之氣流會影響
瓦斯爐火之穩定，
所以瓦斯爐對面開窗
等於會有漏財之效應。

- 化解方法：
根本之方法，
可封窗化解或做成不透光之方式也可暫時掛一串五帝錢來鎮住。

■五帝錢

瓦斯爐靠廁所牆面

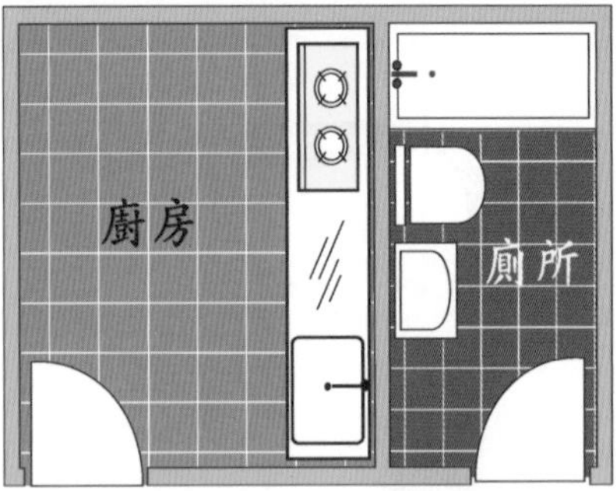
廚房
廁所

● 如有這種現象→
廚房瓦斯爐靠廁所牆面，
因爲廁所牆面可能污染
濕穢之氣很大，所以
會嚴重影響家人之健康。

● 化解方法：
最好將瓦斯爐移位，
如果無法移位，
除廁所平常儘量保持乾淨乾燥外在牆面貼上一層錫箔紙來防止污穢之氣。

或在瓦斯爐後牆掛
一面三十六枚五帝錢

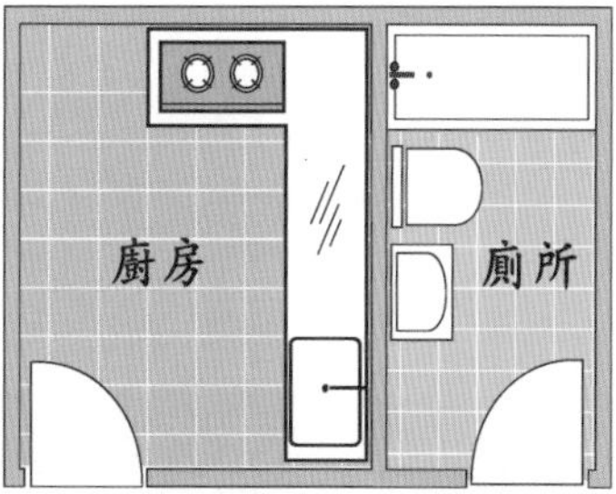
廚房
廁所

■三十六枚五帝錢/有框

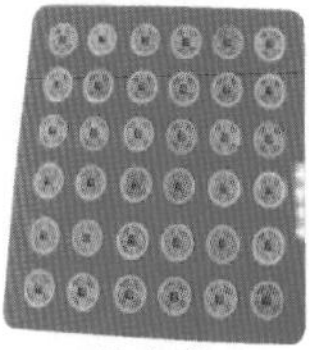
■ 36枚古錢

水龍頭對瓦斯爐

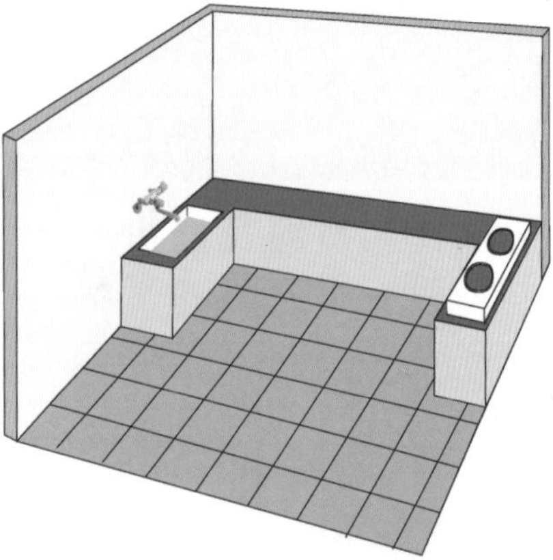

● 如有這種現象→
廚房內水槽之水龍頭朝向瓦斯爐，
這會有水火相剋之現象，會有口角、爛桃花、血光漏財的現象。

●化解方法：
看要移動瓦斯爐或將水龍頭之位置作更改
就可以化解。

內部格局煞氣介紹和化解方式

（主臥房篇）

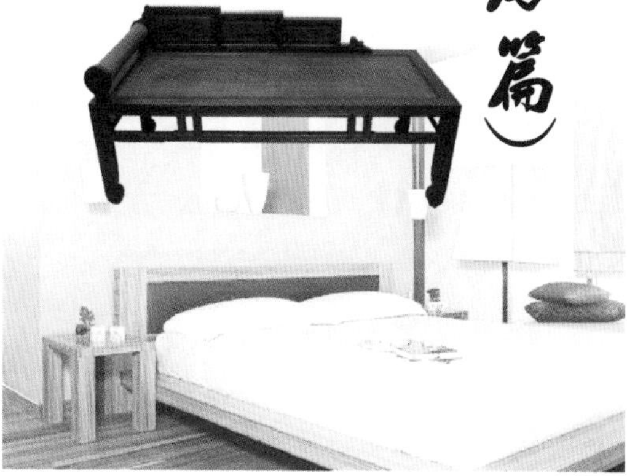

床位正確擺法

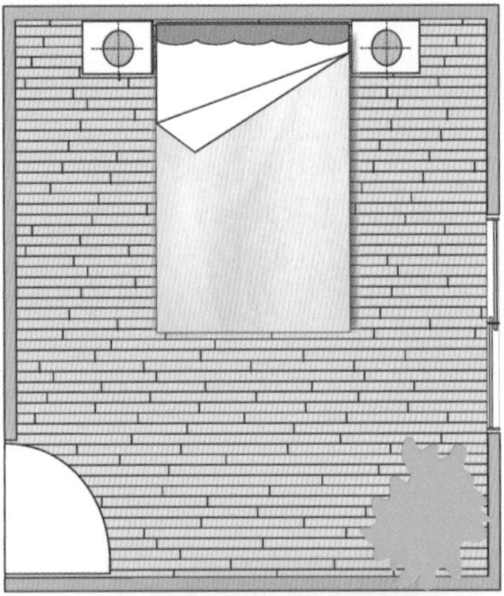

- 如有這種現象→
- 睡覺都好啊
  我們人有1/3之時間都在床上度過，
  所以床位之擺設正確於否，跟健康及運勢息息相關！
  所以絕對不可輕忽！

● 化解方法：

床位正確擺法大概為如下：

1.床上面忌諱有圓燈照到人。
2.廁所門不可沖床。
3.床頭位置不可與廁所或廚房同一牆面。
4.床頭不可放置結婚照片。
5.床頭不可背門。
6.床不可放在橫樑下。
7.開門不可直沖床鋪。
8.鏡子不可正對照床。
9.床頭後方一定要有靠如床頭板或是床頭櫃。
10.床頭後方忌樓梯走道，電梯更也不宜！
11.吊扇能安裝在床舖外方。
12.床頭最好能靠實牆。
13.床頭不可開窗氣場流動。
14.床頭上方不可為冷氣機。

房門直對房門

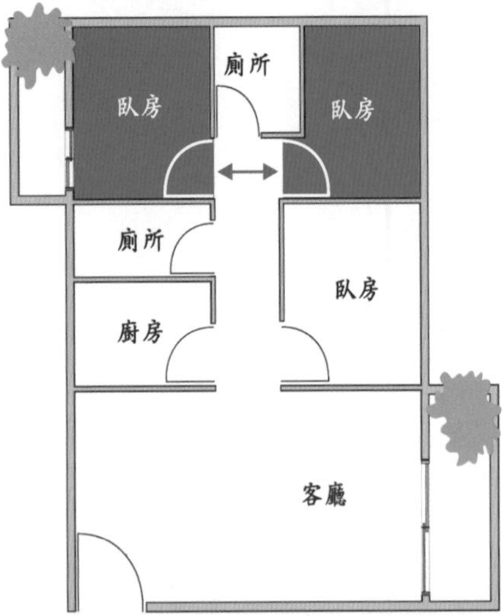
廁所
臥房
臥房
廁所
臥房
廚房
客廳

● 如有這種現象→
陽宅室内房門對房門
會有口舌爭吵及家庭不合
的現象發生!

● 化解方法：
可以在房門掛上長布簾
或在加上五帝錢化解
布簾之長度最好要超過
門4/3之長度爲宜，
布簾之材質以看不透之
材質爲宜，
不可爲蕾絲或是珠簾喔！

■ 不透光門簾

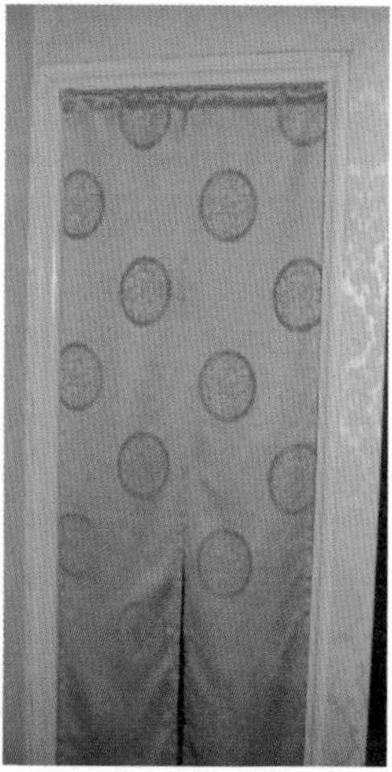

■ 五帝錢

橫樑壓床頭

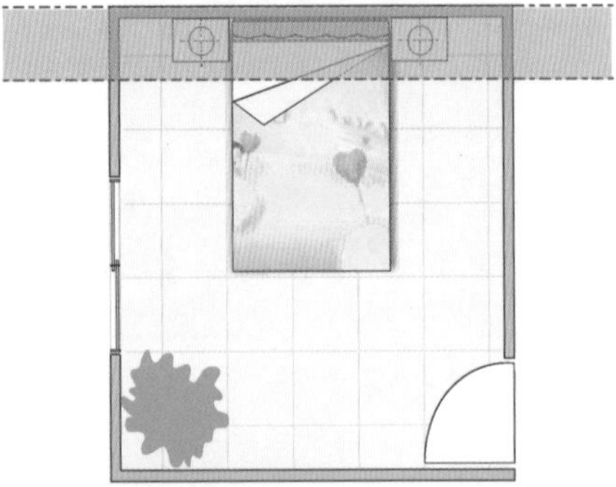

● 如有這種現象→
在臥房床頭被樑所壓!
樑壓到哪傷到哪!
所以樑壓床頭!
會有頭痛或偏頭痛!
或是腦疾之疾病發生!
切記樑不是只有壓床頭才有煞氣,
只要有壓到床就會有煞氣產生喔!

● 化解方法：

在床頭放置跟樑同寬之床頭櫃以避開橫樑煞氣！
如果暫時無法購置床頭櫃！
可以在樑之兩端同一側面掛葫蘆及蓮花球或五帝錢來降低煞氣！

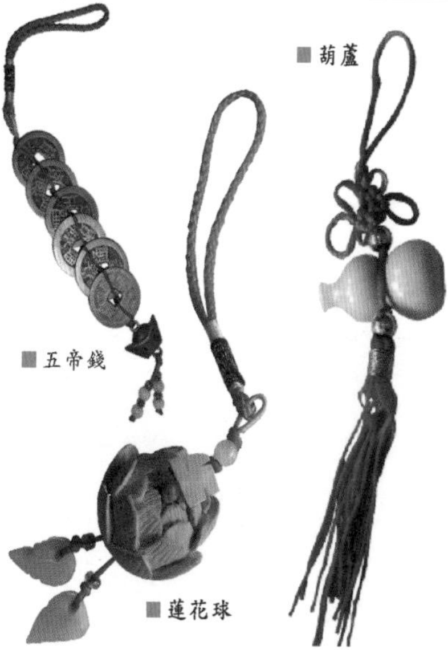
■ 葫蘆
■ 五帝錢
■ 蓮花球

房門對廁所門

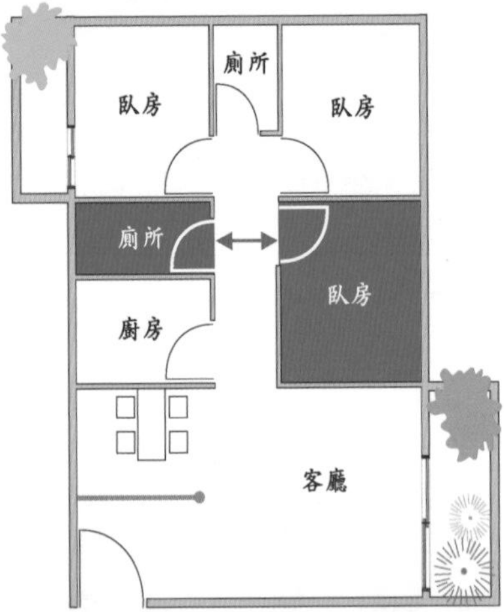
廁所
臥房
臥房
廁所
臥房
廚房
客廳

● 如有這種現象→
室內房門對廁所門：
廁所之穢氣會直衝進房內
造成居住其中之人
會時常病痛，
運勢相對也會跟著不好！

● 化解方法：

可以在房門和廁所門掛上長布簾，
並在廁所門檻安置五帝錢
或是在房門和廁所門
都掛上五帝錢作化解！
阻絕穢氣流出以求化解！
布簾之長度以超過馬桶之高度為宜。
並可在廁所內放置一盆植物及一杯粗鹽來吸收穢氣。

■ 不透光門簾

■ 五帝錢

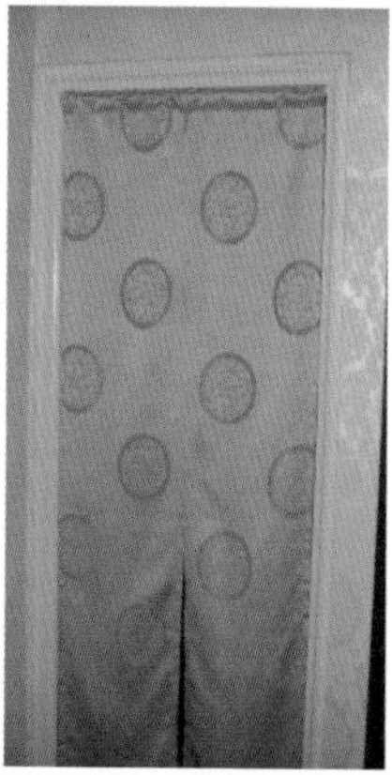

廚房門對房門

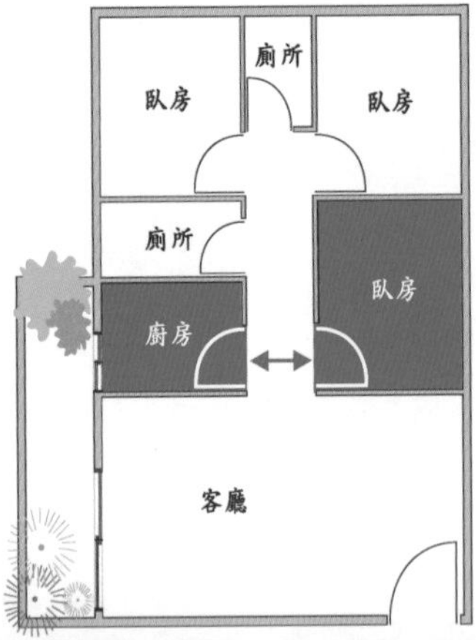
廁所
臥房
臥房
廁所
臥房
廚房
客廳

● 如有這種現象→
室內房門對廚房門：
廚房之廢氣和火煞之氣
會直衝房內，
造成居住其中之人
會時常病痛、脾氣暴躁，
運勢相對也會跟著不好！

● 化解方法：

可以在房門和廚房門掛上長布簾，
並在廚房門檻安置五帝錢阻絕穢氣流出，
或是於房門加掛一串五帝錢將廢氣擋於房門外以求化解！
布簾之長度以超過瓦斯爐面之高度爲宜。
布簾之材質以看不透之材質爲宜。

■ 五帝錢

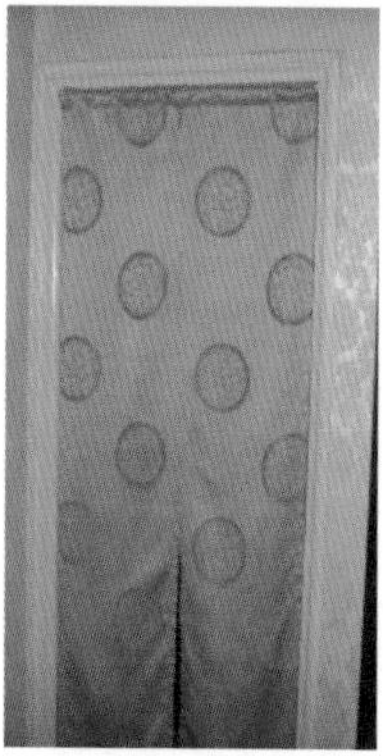

■ 不透光門簾

床頭背房門

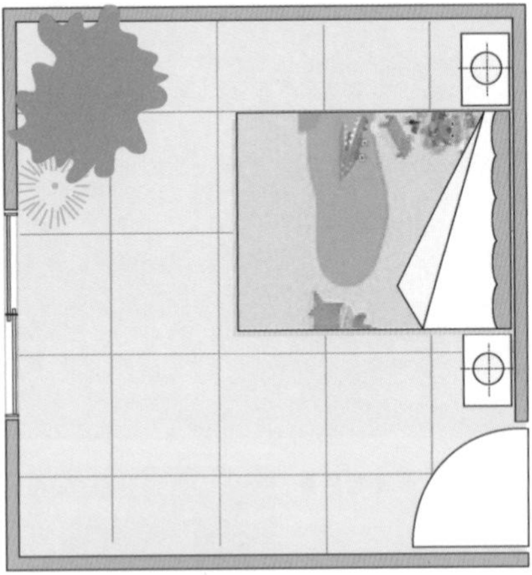

● 如有這種現象→
房間的床頭背門而擺！
容易犯小人和心神不寧
等現象產生！

● 化解方法：

最有效且最快速的方法就是調整床的方向。
調整床位才可徹底化解；
如無法調整床位方向
可以安置屏風，或是安置一對銅麒麟朝門來鎮壓小人煞氣!
或是於床頭兩側各掛一串五帝錢穩住氣場來作化解。

■五帝錢

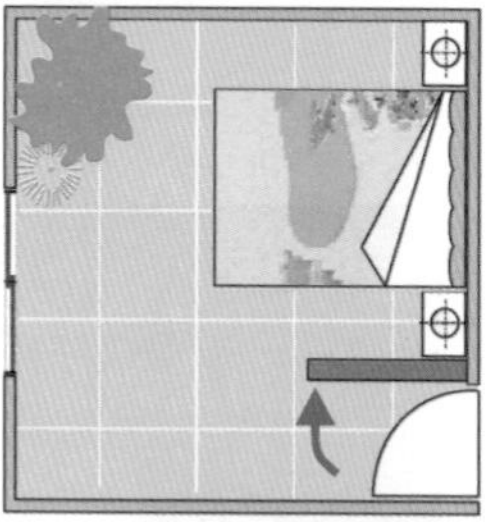

■銅麒麟

床頭上開窗

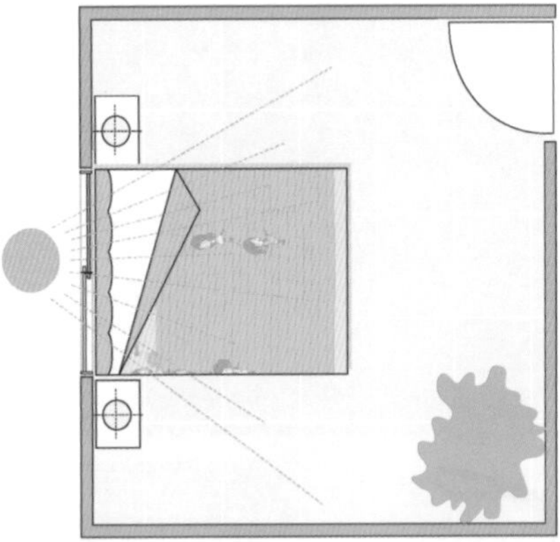

● 如有這種現象→

房間床頭開窗或是對窗！
主散氣漏財！
會有腦神經衰弱！
頭痛偏頭痛！
或是上呼吸道感染
的疾病發生！

●化解方法：

能調整床鋪位置最好，
或是將窗户用木板封住!
但封窗需特別注意，
如果此窗户是此房間之唯
一窗户，那就不可以封窗，
就用厚窗簾或在床頭後放
36枚古錢來阻擋一下，
就可以了。

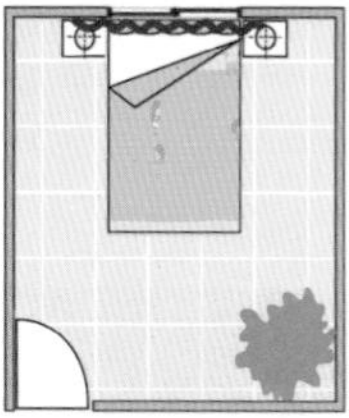

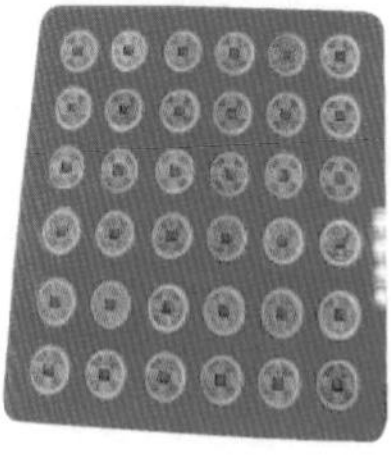

■ 36枚古錢

■ 四親和合圖

臥房與廚房相鄰

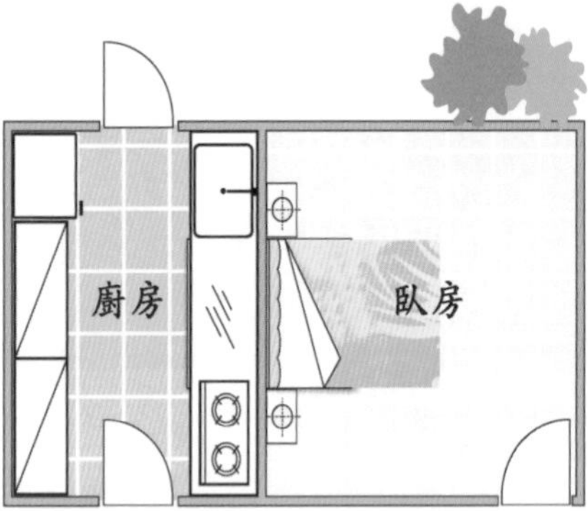
廚房
臥房

● 如有這種現象→
臥室如果與廚房相鄰
火之煞氣會過大！
臥室之氣場會過於燥熱
人容易患脾氣暴躁之象
對身體也會有不好的現象！
夫妻也較容易口角衝突。

● 化解方法：
我們可以在房間床鋪下方
鋪上黃色之地毯！
因爲黃色屬土、
火生土、藉此洩掉火之煞氣
以求化解！或改變床位也可
也可以在地毯下方放置
36枚古銅錢效果更好！

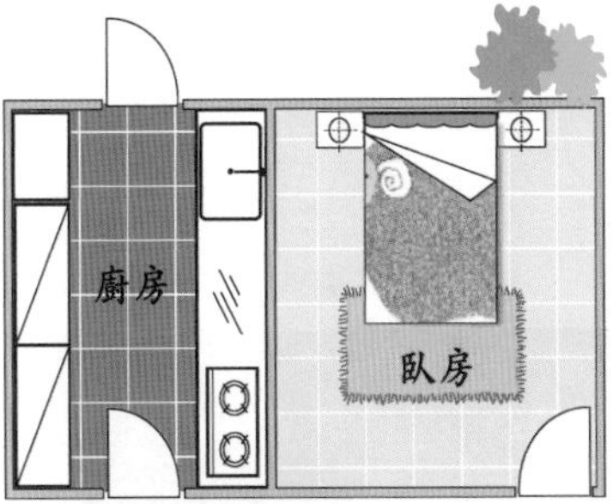
廚房
臥房

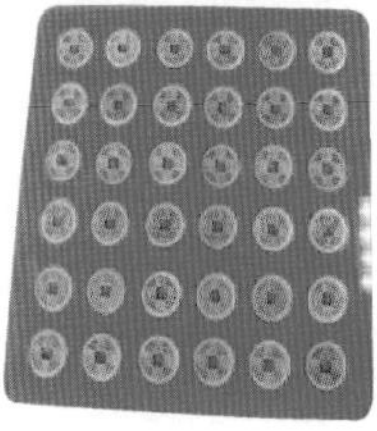

■ 36枚古錢

臥房在廚房上方

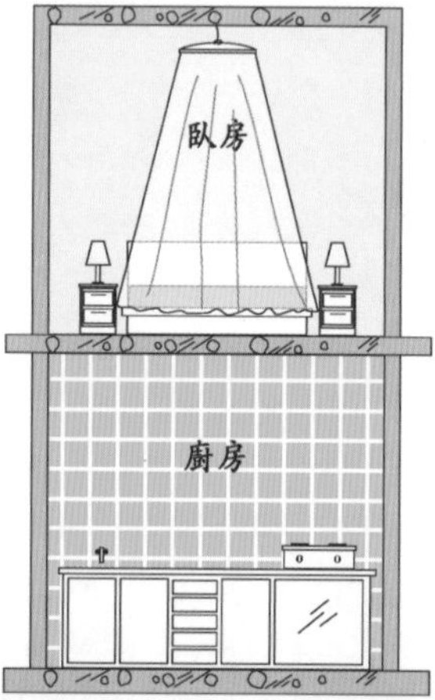
臥房
廚房

● 如有這種現象→
臥室如果位於廚房上方
有床壓灶火煞之氣會過大!
臥室之氣場會過於燥熱
使人容易脾氣暴躁
對身體也會有不好的現象!
夫妻也較容易口角衝突!

● 化解方法：
我們可以在房間床鋪下方
鋪上黃色之地毯！
因為黃色屬土、
火生土、藉此洩掉火之煞氣
以求化解！或改變床位也可
也可以在地毯下方放置
36枚古銅錢效果更好！

臥房

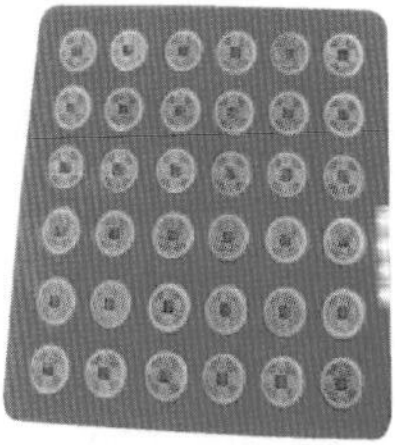

■ 36枚古錢

門直沖床

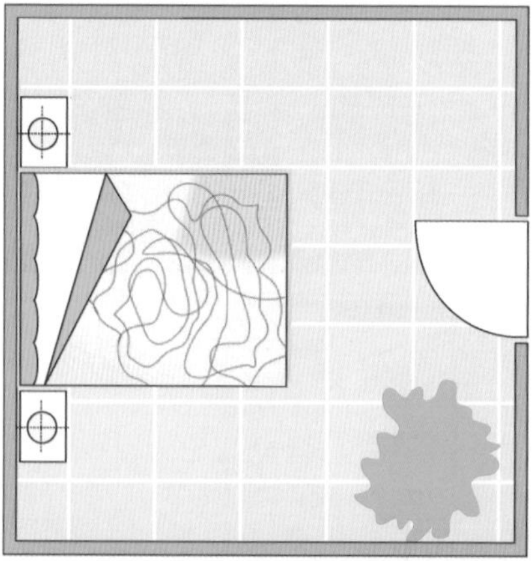

● 如有這種現象→
房間的床向擺於沖門處！
對身體健康產生極大影響！
門衝到哪就會傷到哪！
所以不可不謹慎！

●化解方法：

最好就是調整床位置
如果暫時無法調整！
可以在門與床之間安置一個不透光之屏風來擋煞！
如果空間無法安置屏風或移動床舖！
您可以在門檻處先行掛一串五帝錢！
並加掛3/4長布簾！
降低煞氣！

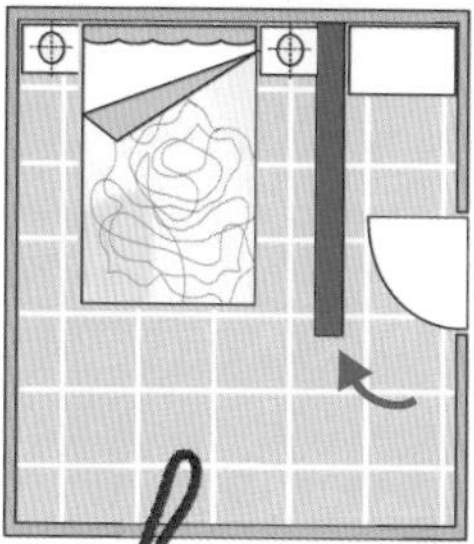

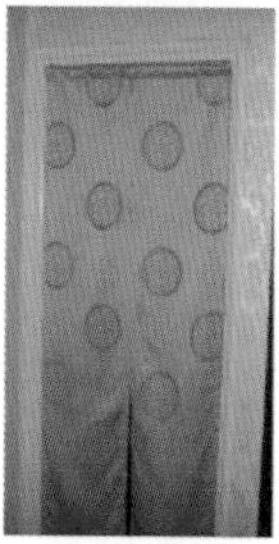

■不透光門簾

■五帝錢

房中有房

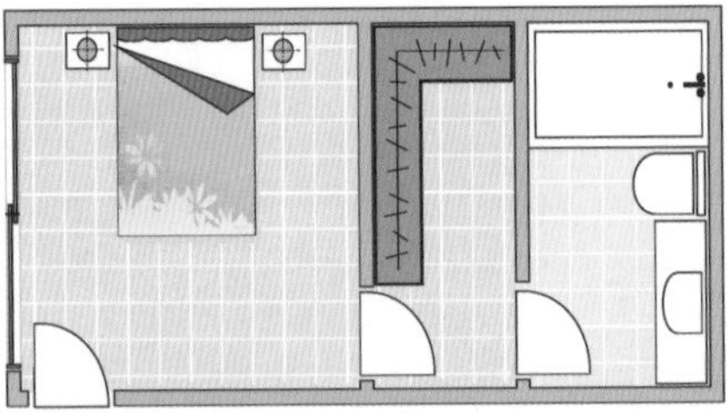

● 如有這種現象→

臥房中有房.必有二房之現象
現在的房間內有人會
再增設置一間更衣室
但大家有所不知，
如果此更衣室設有門檻
或是有門框
就會有房中房的現象發生
會有外遇之情事發生!

● 化解方法：

建議您將房中房之門框和門拆除就可以化解！

如果不想拆除或無法拆除在門檻處安置一串五帝錢來化解！

或是在房中房內安置葫蘆也可化解！！

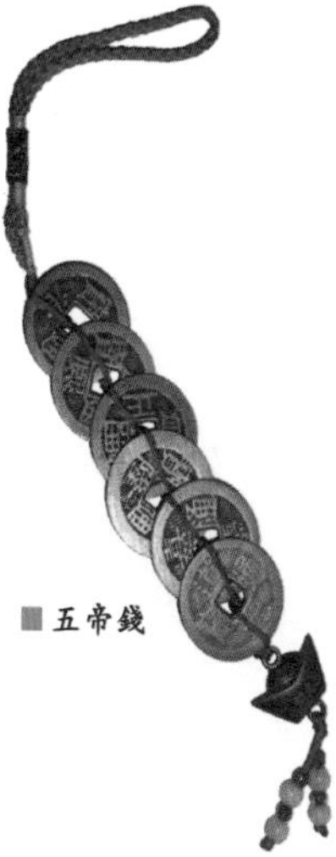

■ 五帝錢

■ 葫蘆

房間在騎樓上

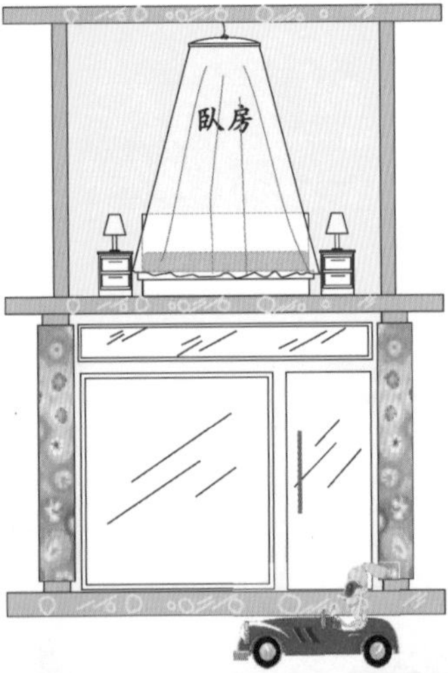
臥房

● 如有這種現象→
住家的臥室如位於騎樓上
因地板下之氣場氣空虛!
容易造成房內氣場極不
穩定!久居必病，精神不
濟!影響臥房內人員和睦!

● 化解方法：
建議您在此房間地板鋪上黃色地毯，再放36枚古銅錢作爲提升地氣來化解。

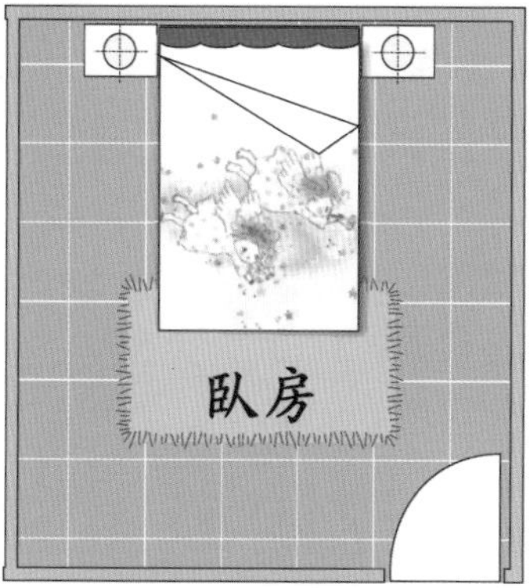
臥房

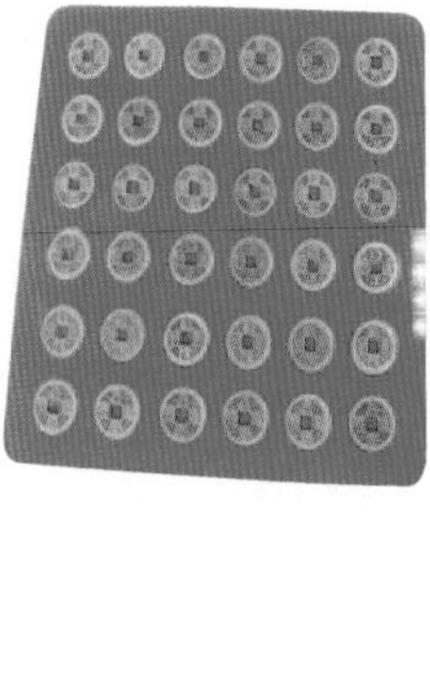

■ 36枚古錢

臥房的財庫

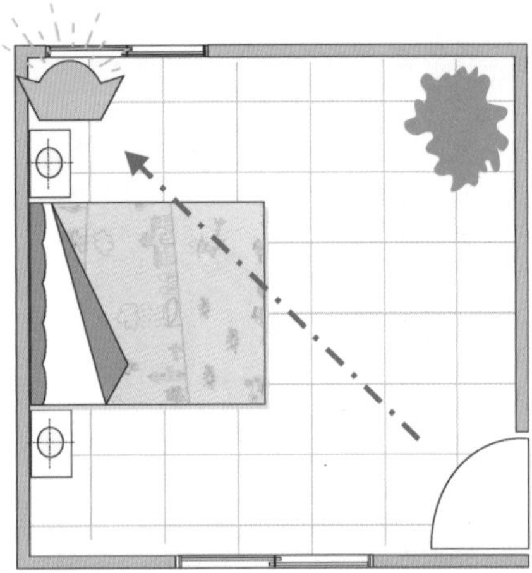

● 如有這種現象→
臥房一入門的斜對角處
我們稱之爲財庫！
此處絕不宜開窗，
不然會有漏財之虞！

●化解方法：
最好能將窗封住，然後可以放置聚寶盆以聚氣聚財喔!!

可掛福壽掛圖

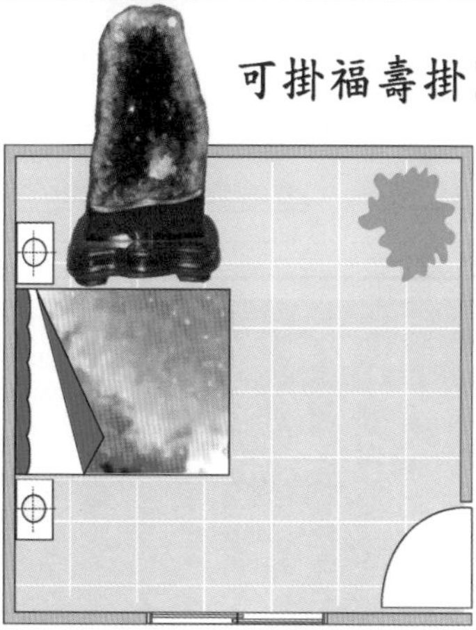

■福

■壽

鏡子對著床

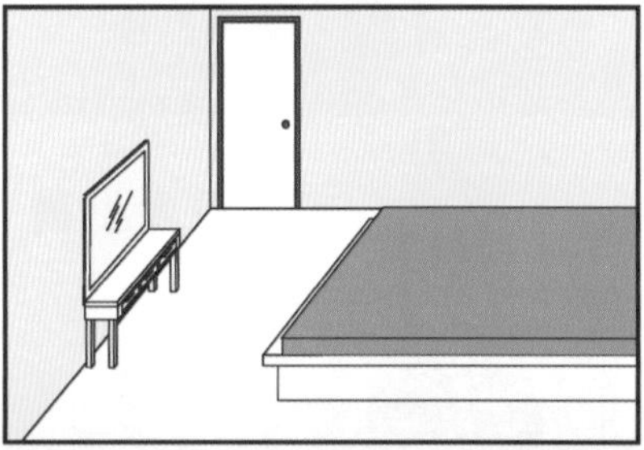

● 如有這種現象→
通常在臥房內
會擺上梳妝台，或是衣櫥
爲更衣方便所以都會有大面之鏡子，
但如果擺設錯誤，
讓鏡子正對床鋪。
那可會嚴重影響睡眠品質
和身體正常代謝，
夫妻容易口角
和爛桃花的現象。
所以要特別注意。

● 化解方法：

化解方式就是
將鏡子移到不會正對床鋪處
如果無法移位可以暫時先
用厚布或紅紙蓋上，
要用時再掀開也可以達到一
部分之化解效果。

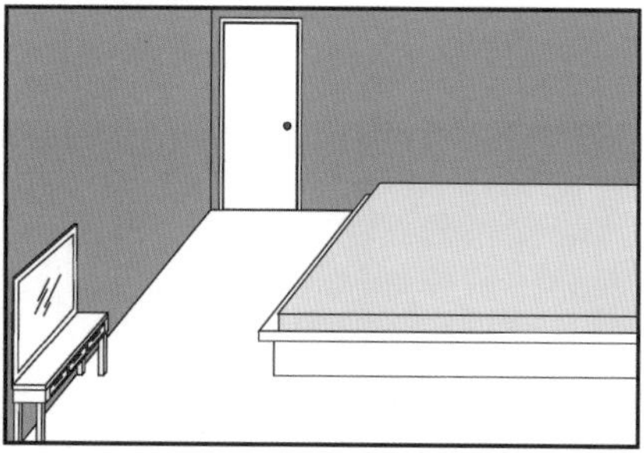

大門正對房門

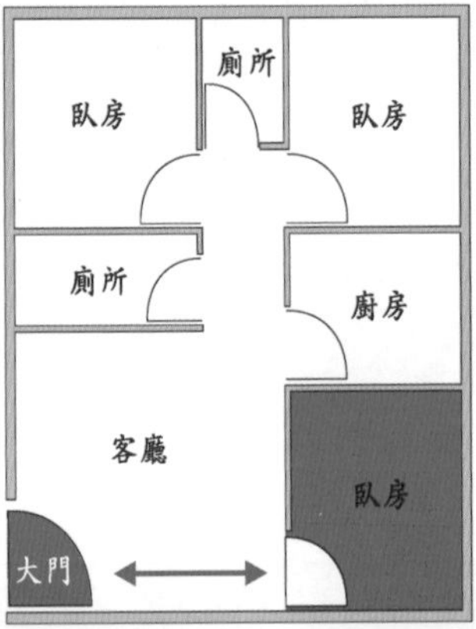
廁所
臥房
臥房
廁所
廚房
客廳
臥房
大門

● 如有這種現象→
陽宅一進大門即正對房門
通常房間亦為財庫之一，
入門見門會有漏財的現象。
而且沒有隱私可言，
會讓居住該房間之人
有桃花傾向！

● 化解方法：

建議設置一道不透光之玄關或屏風來作化解。
如果無法設置玄關、屏風建議在房門掛上長布簾和五帝錢作化解！

■ 不透光門簾

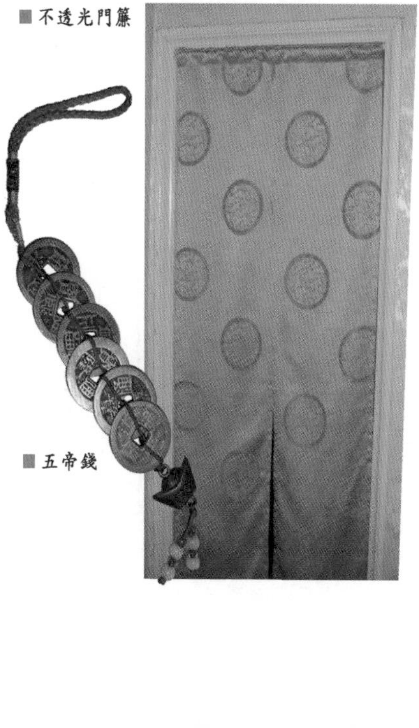

■ 五帝錢

門對鏡子

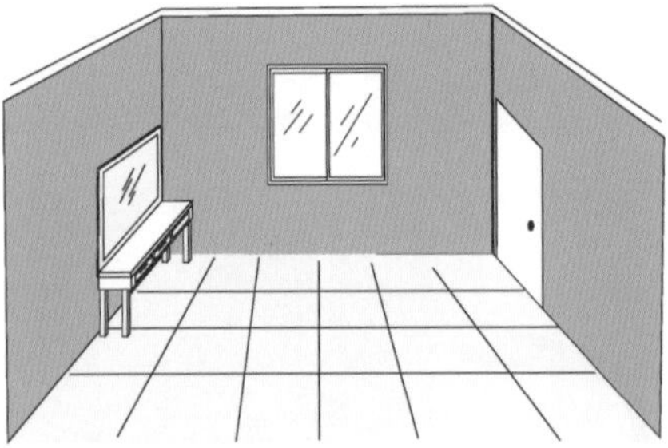

● 如有這種現象→
在陽宅風水上，
鏡子代表爲一個方口，
而鏡子對門在鏡面上反射
也會形成雙口互對，
會有嚴重的口角產生。

● 化解方法：

化解方式就是將
鏡子移到不會正對門之處。
如果無法移位，
可以暫時先用厚布，
要用時再掀開，
也可達到一些化解效果。

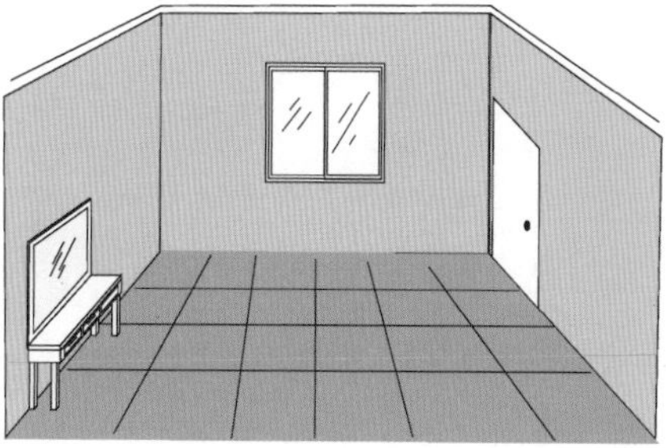

床頭未靠實牆

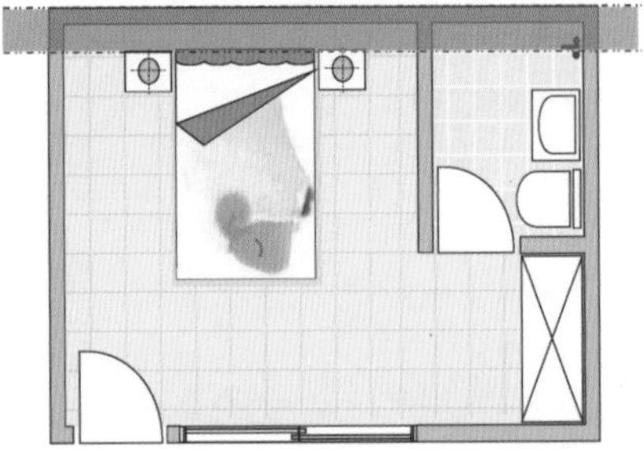

● 如有這種現象→
臥房擺設床鋪一定要靠實牆
如果不靠實牆，氣場不穩
將會嚴重睡眠品質，易感冒
而且人也會心神不寧，
心情不定且覺得無依靠，
日子久了會虛耗元神
導致身體精神虛脫!
所以爲了避開樑煞而不靠牆
這是最不對之作法!

● 化解方法：

一定要將床頭移至靠牆那面
如果有樑煞建議用床頭櫃
隔開，
如果無法避開，
可以在樑上掛置葫蘆、蓮花
球或五帝錢或麒麟作化解。

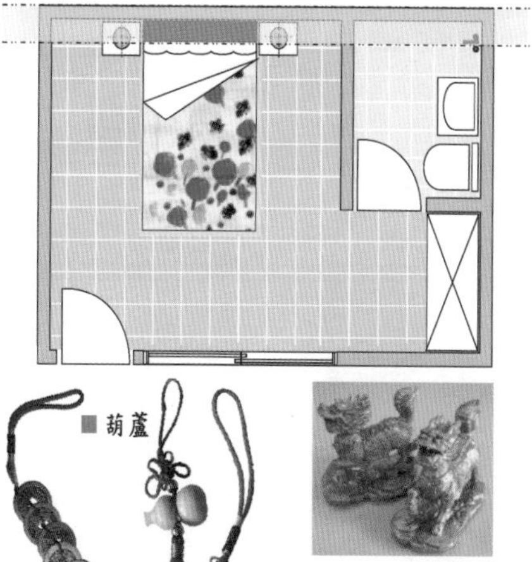

■ 葫蘆

■ 銅麒麟

■ 五帝錢

■ 蓮花球

床尾朝向神桌

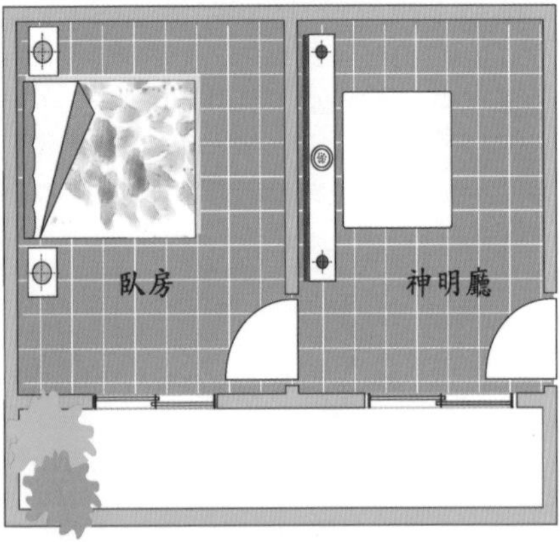
臥房
神明廳

● 如有這種現象→
臥房的床尾不可以朝神桌，
此為腳踢神桌不敬，
會造成退運退神的現象。

●化解方法：
建議最好調整床之位置，這樣才可以徹底化解。另外注意一點床頭也不可以靠神桌這邊牆面。這個房間除了會有擺設上之問題外，只適合小孩或老人家居住。夫妻或是單身年輕人居住，於此已婚者容易口角甚至離婚、未婚者容易不婚。

在神桌後面之牆掛
一幅三十六枚五帝錢

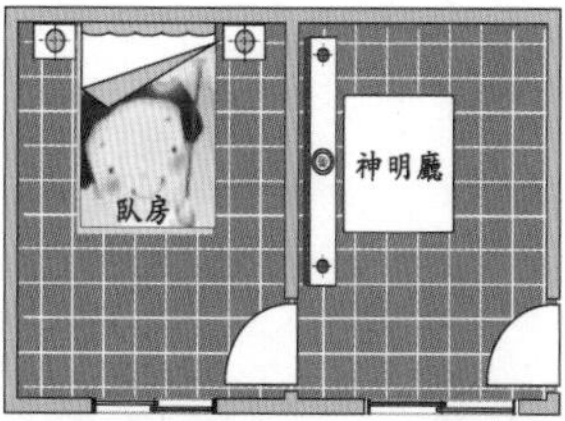

臥房
神明廳

■三十六枚五帝錢/有框

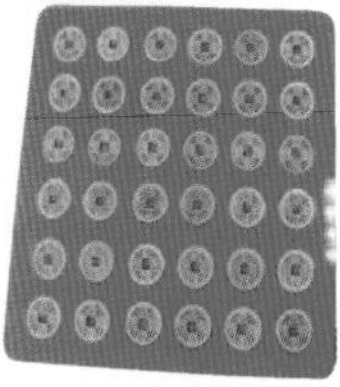

■ 36枚五帝錢

電視直對床

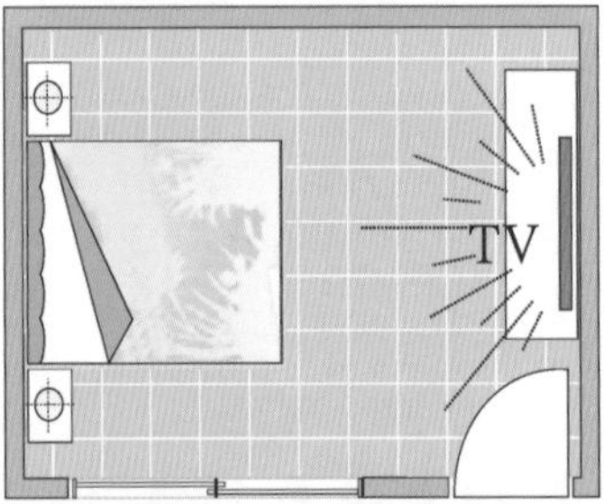
TV

● 如有這種現象→
很多人喜歡
躺在床上看電視，所以都會在臥室內床前擺上一台電視機，實不知這已經對自己身體健康產生嚴重之影響。
1.電視機之輻射線會嚴重影響健康和睡眠品質。
2.人會變的脾氣暴躁。
3.夫妻會容易有口角。
4.家人無凝聚力因反射，無法彼此尊重和體諒。

● 化解方法：
解決方式就是將
電視移出臥室。
如果無法移位，不看時用厚
布阻隔或電視不要正對床鋪
或是斜斜擺放來稍作化解。

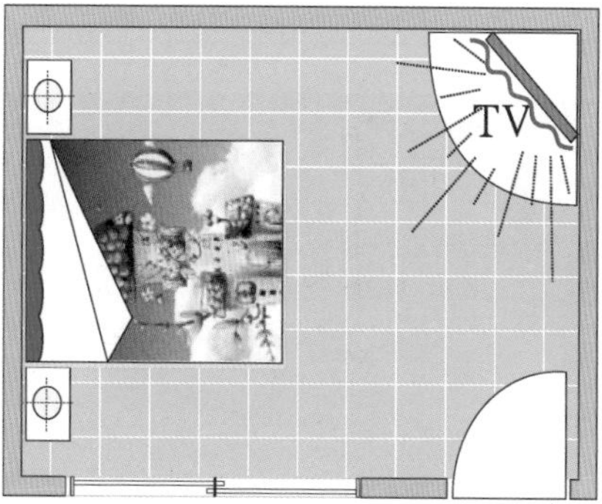
TV

床尾對窗

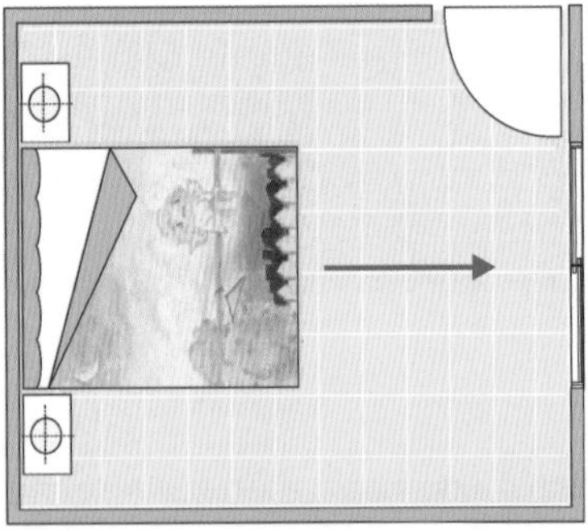

● 如有這種現象→
床尾不可以正對窗户，
床尾正對窗户有送出去之意；其效應會有意外不幸之事發生。而就科學之角度來看床尾朝窗就會面窗而睡，光線直接照射臉上會讓您常常睡到一半被驚醒、心神不寧，所以精神不好就容易發生意外災害。

● 化解方法：

做一厚實的窗簾來擋住窗或調整床位或是封窗化解，但如果要封窗，需要注意此窗户如果爲房間唯一對外之窗户，那就不可以封窗只能調整床位化解。

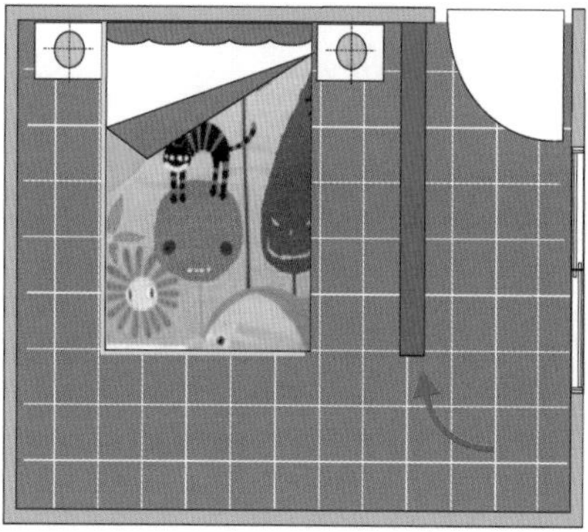

床頭靠廁所牆面

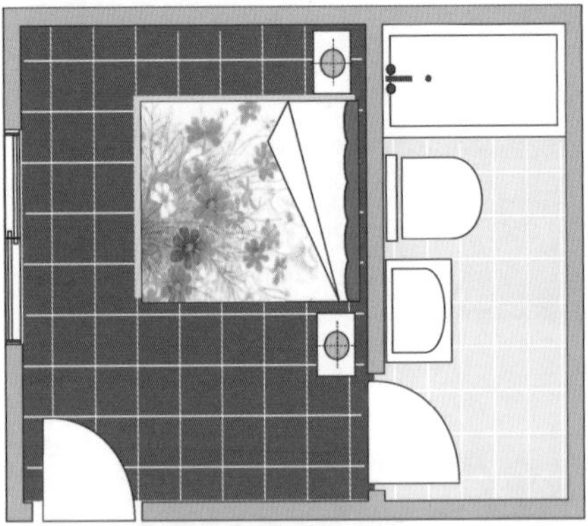

● 如有這種現象→
臥房床頭如靠廁所牆面放，因廁所之牆面含濕穢之氣；長時間緊靠此牆面，日子久會有頭部疾病問題會影響身體健康。

● 化解方法：
最好改變床頭位置，
如果是空間受限或是其他因素無法調整。
建議您需加設一個床頭櫃
並在床頭櫃內放入
【木炭並放一杯粗鹽來吸納濕穢氣】，
並且在床頭櫃後再安置三十六枚古錢以求化解。

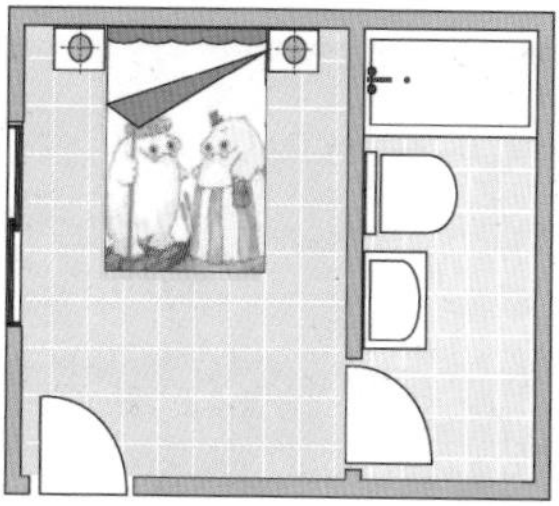

■三十六枚五帝錢/有框

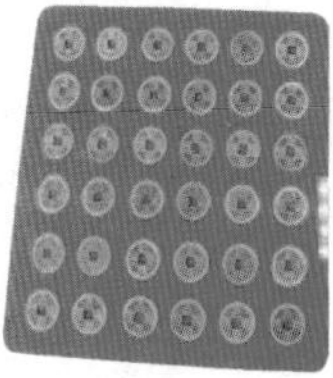

■ 36枚五帝錢

床頭掛結婚照片

- 如有這種現象→
臥房床頭掛置結婚照，
像似靈堂之佈置，會影響
身體健康。掛雙人照者，
其中一人會身體較爲虛弱，
而掛單人照者，以照片中當
事人的身體健康會漸衰弱。
以科學的角度來看，
床頭有懸掛物品，
如果掉落會有被匝傷之虞；
無形當中也會讓人形成壓力
影響睡眠品質。

●化解方法：
建議最好將照片
掛到床尾或是床的側邊
牆面就可以化解。
床頭之牆面儘量保持乾淨，
不要懸掛照片或是圖畫，
以面造成不必要之煞氣。

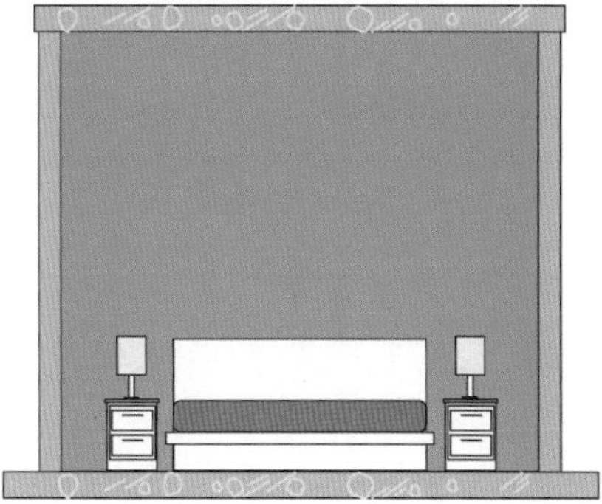

壁刀切床身

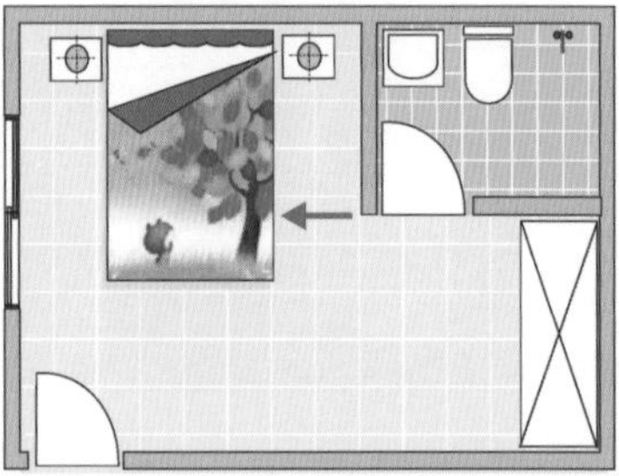

● 如有這種現象→

房間如果格局不方正，
或是因爲房間設置浴室
或更衣室，會有室內壁刀
形成，所以如果床位擺設
不當就會被壁刀所切，
其現象就是被切到處之部位
也就是人躺在床上之部位
易有意外傷害、開刀、病痛
的現象發生，
切到哪裡會傷到哪裡，
不可不愼。

● 化解方法：

如能調整床位避開壁刀是最好之方式。

如果無法調整床位有二種方式可以化解：

1.於壁刀處放置屏風遮擋。

2.於切到處安置一組五帝錢來作化解。

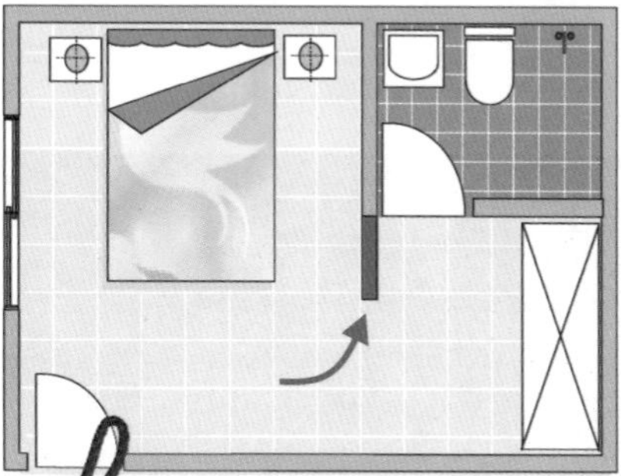

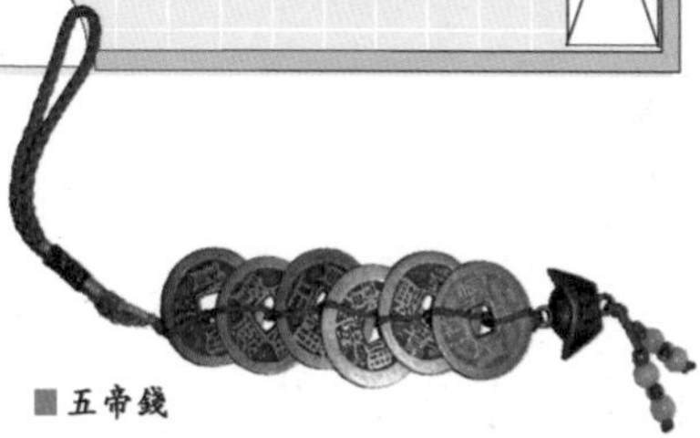

■ 五帝錢

床頭靠神桌牆面

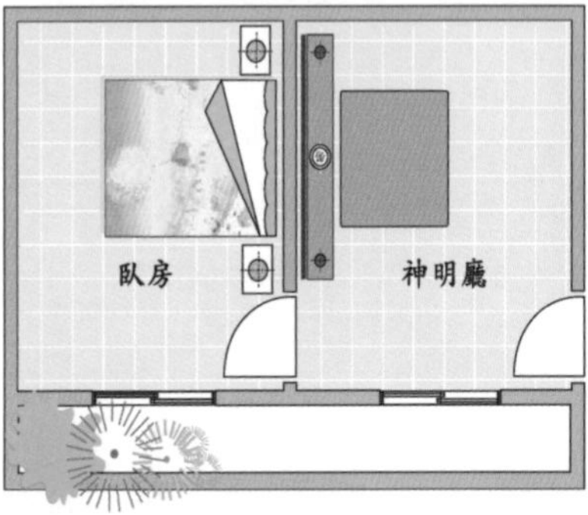
臥房
神明廳

● 如有這種現象→
神桌後方的房間，
床位的擺設一定要特別注意
除了床尾不可朝神桌，
造成不敬之外，
床頭更不可以靠神桌這邊
的牆面，
容易產生噩夢連連、
腦神經衰弱、
中風、血症...等。

● 化解方法：
除調整床位外別無他法，另外神明廳後方之房間在使用上有很多忌諱，所以如果家中房間夠使用此房間作書房會較好。不建議當臥室使用如必需當臥房，床頭或床尾不宜靠神桌且在神桌後牆面安置一組36枚古錢。

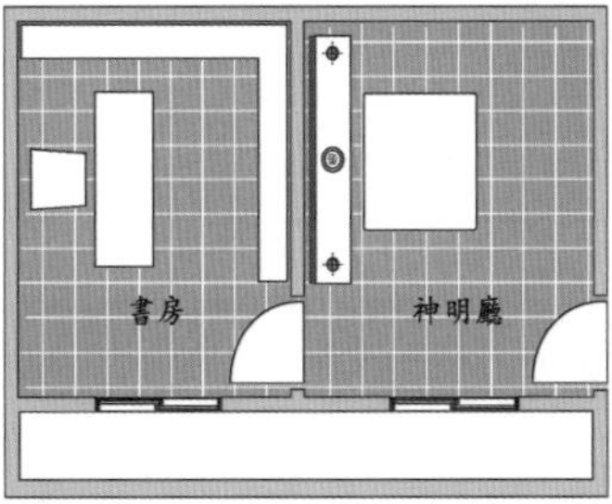
書房
神明廳

■三十六枚五帝錢/有框

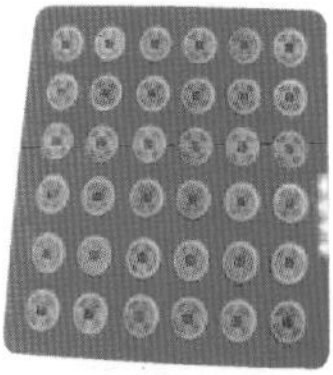
■ 36枚五帝錢

無床頭櫃

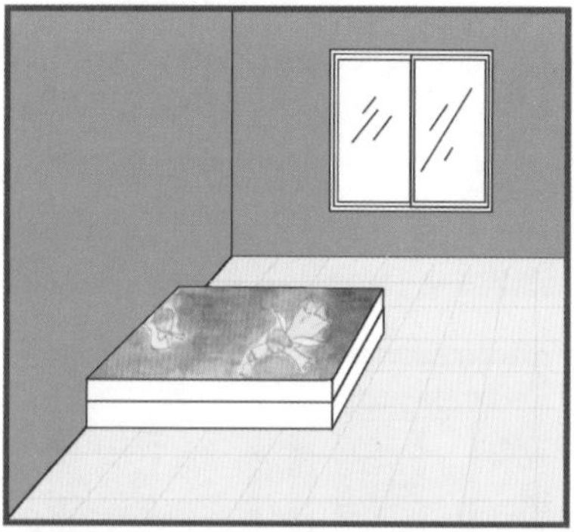

● 如有這種現象→
臥房床頭沒有床頭櫃
不可將床墊直接靠牆，
因爲牆面會導濕，
如果將床墊直接靠牆，
時間長日子久了就會有
偏頭痛的現象發生。

● 化解方法：

加設床頭櫃爲才能化解。

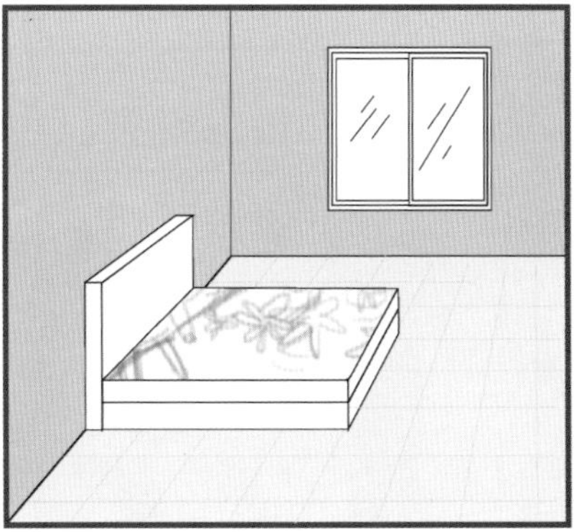

書房篇

內部格局煞氣介紹和化解方式

書桌正確擺法

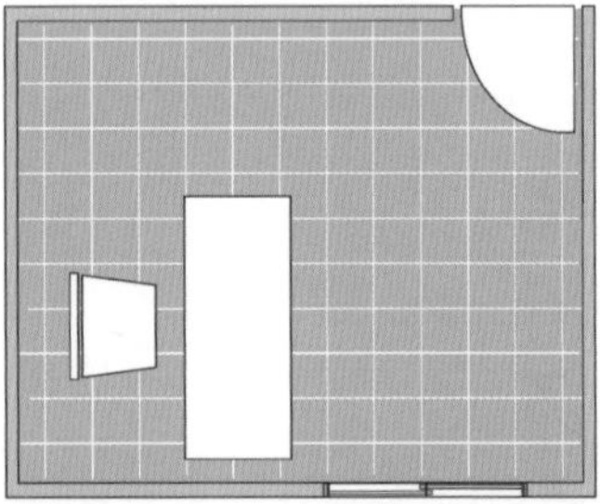

● 如有這種現象→
想把書讀的好！
除自身之努力外！
如果可以配合文昌位
和正確之書桌擺設，
將可以讓您事半功倍！
讓您先贏在起跑點上！
辦公桌也是一樣之道理！
如您要有更清楚之思路！
和取得致勝先機！
辦公桌之擺設將決定您的
事業及工作運的好壞！！

● 化解方法：

書桌之正確擺法大概如下:

1.書桌座位後方要有實牆最好，表示有靠山主有貴人!

2.書桌前最好留有明堂!
有明堂表示有前途!
比較有發展之空間!

3.書桌不可背門!
表是容易犯小人!

4.書桌不可沖門。

5.座位背後不可開窗!

6.樑下不可放置書桌!

書桌背門

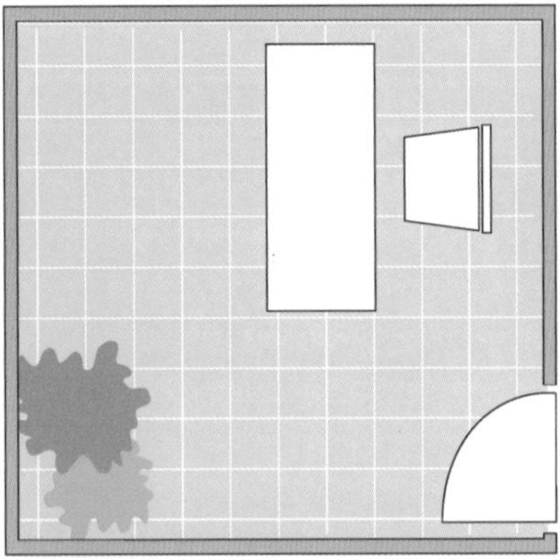

● 如有這種現象→
書桌如果背門而擺設
主會犯小人!
以及會無法專心唸書!

●化解方法：

最好之化解方法爲
調整書桌之位置！
如果暫時無法調整！
您可以在書桌正前方放一
杯粗鹽或書桌旁掛一串
五帝錢！穩住氣場！

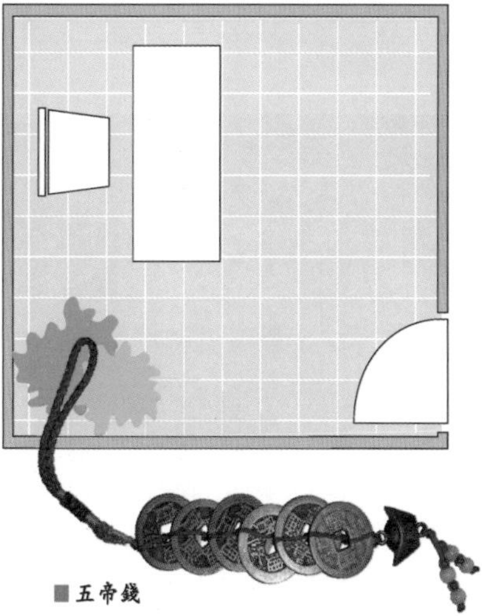

■五帝錢

書桌位於橫樑下

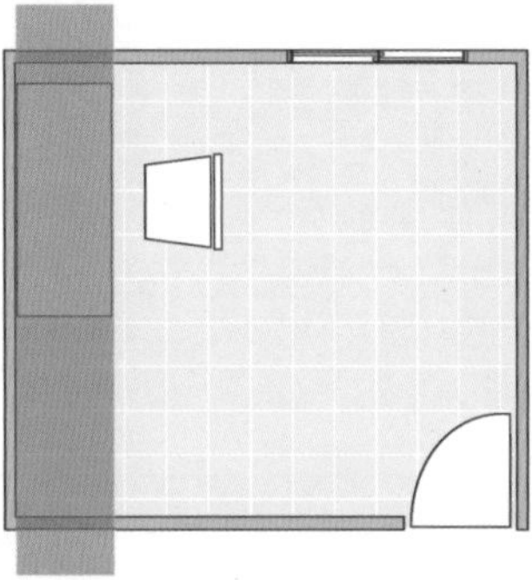

● 如有這種現象→

書桌擺放於橫樑的下方，
會讓人思緒不清頭昏昏，
也無法集中精神，
壓力也會跟著加重！
而且橫樑壓到座位，
比橫樑壓書桌來的更嚴重。
橫樑壓座位甚至會有壓力
或意外血光之災。

● 化解方法：

改善方法就是將書桌移
往他處擺設!!
或是將天花板用裝潢方式
釘平!
如果以上兩種方法
無法行!
可以在樑之兩端同一側面
掛葫蘆或五帝錢降低煞氣。

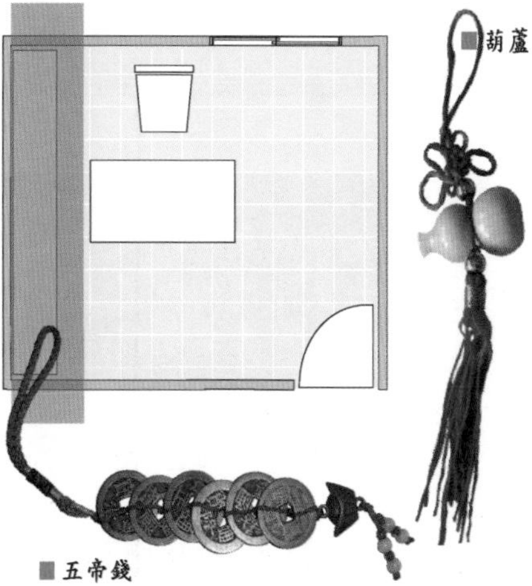

■葫蘆

■五帝錢

門直沖書桌

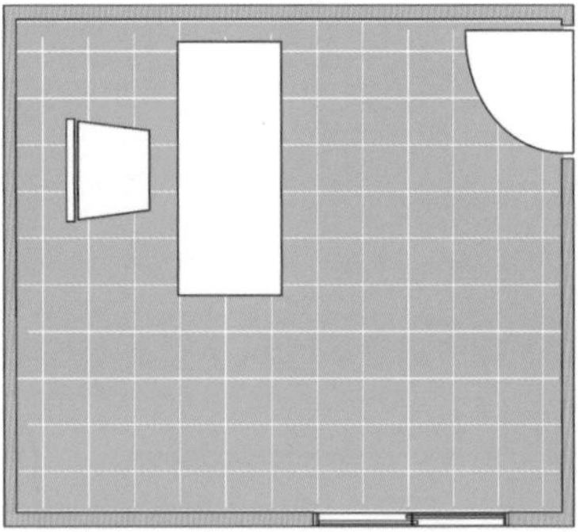

● 如有這種現象→
書桌如正沖門的位置上!
我們稱之爲書桌衝門!
其現象爲!
無法專心唸書、坐不住!
只想往外跑!
心不定、精神不集中。

● 化解方法：
最好之化解方法爲
調整書桌之位置！
如果暫時無法調整！
您可以在書桌正前方放一
杯粗鹽或書桌旁掛一串
五帝錢！穩住氣場！

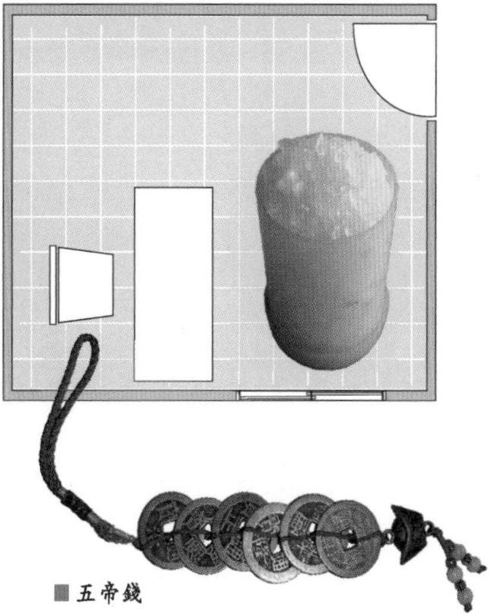

■ 五帝錢

書房緊鄰廚房

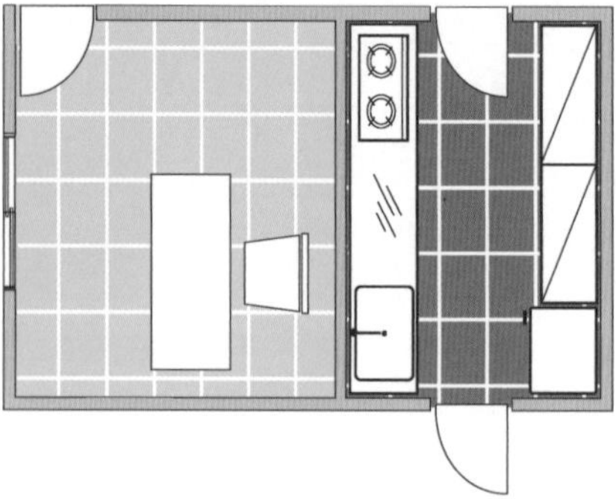

● 如有這種現象→
如果書房緊鄰廚房，
因爲廚房的火煞之氣過大
造成書房的氣場過於躁熱
氣場燥熱會導致人情緒較
不穩定、容易脾氣暴躁，
無法定下心來唸書，
因此會影響唸書及工作。

● 化解方法：
可在書桌下鋪上黃色或咖啡色、土黃色之地毯。】因爲黃色屬土，土可以洩掉火氣，藉此來化解此火之煞氣穩定情緒。

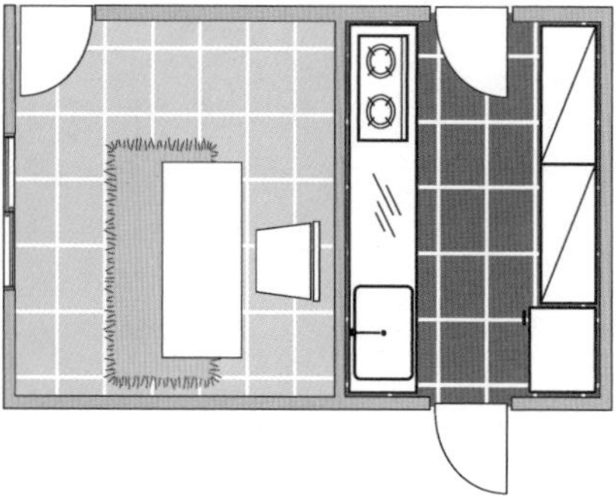

書桌椅無靠實牆

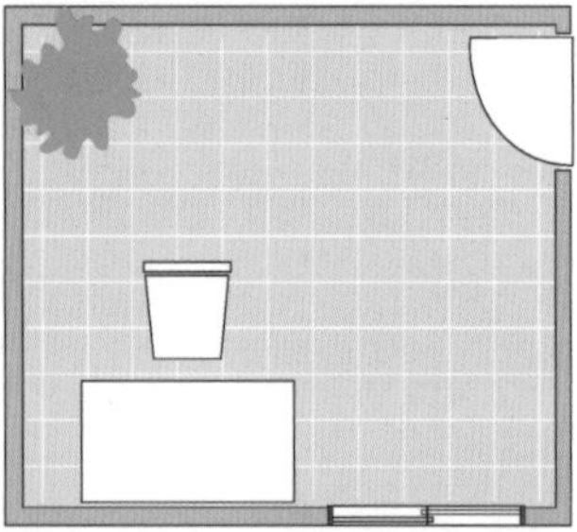

● 如有這種現象→
單純書房座椅的擺放
座椅背後最好能靠實牆，
靠實牆氣場才會穩定，
氣場穩表示有靠山。
有靠山主就有貴人，
如無靠實牆，氣場較爲散亂
貴人方面也會比較少。
所以書桌椅擺於臥室內，
那就以【不沖門、不背門】
的爲擺設原則。

● 化解方法：

建議最好能調整位置，
如果無法調整，
可以在坐椅後方掛一串
五帝錢來穩住氣場做化解。

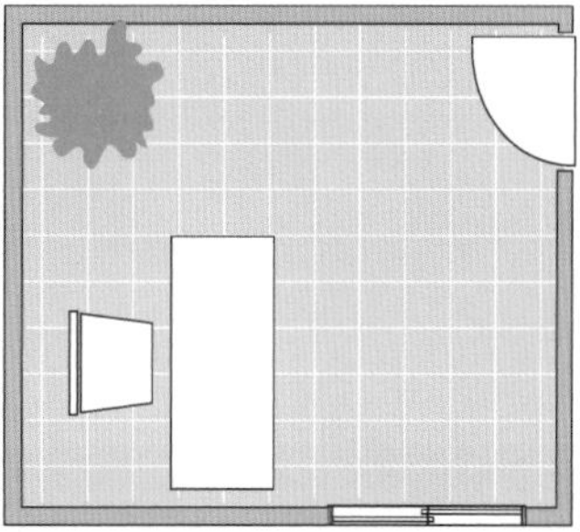

■ 五帝錢

書房門正對廁所門

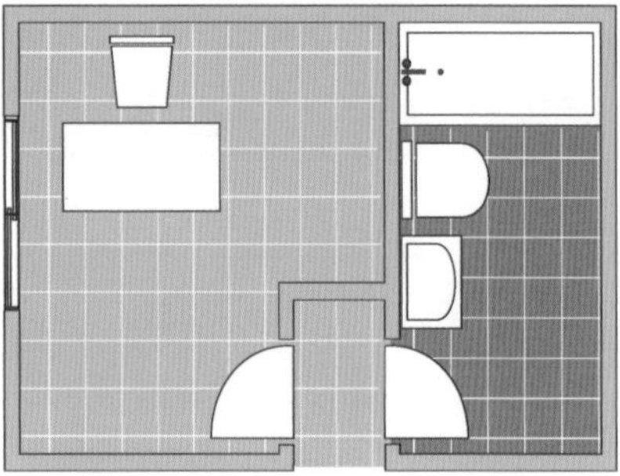

● 如有這種現象→

書房的門如正對廁所門，
廁所的穢氣，
會直接流入書房內。
而且文昌星忌污穢之氣，
故會有無貴人、犯小人
影響讀書品質。

● 化解方法：

建議您可以在廁所門和書房門各都加掛長布簾，然後在兩房門加掛一串五帝錢來做化解。

將廁所之穢氣擋於門外。

■ 不透光門簾

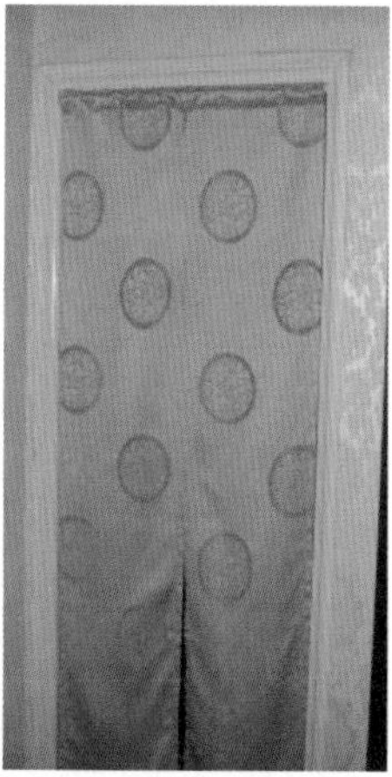

■ 五帝錢

書桌座位背後開窗

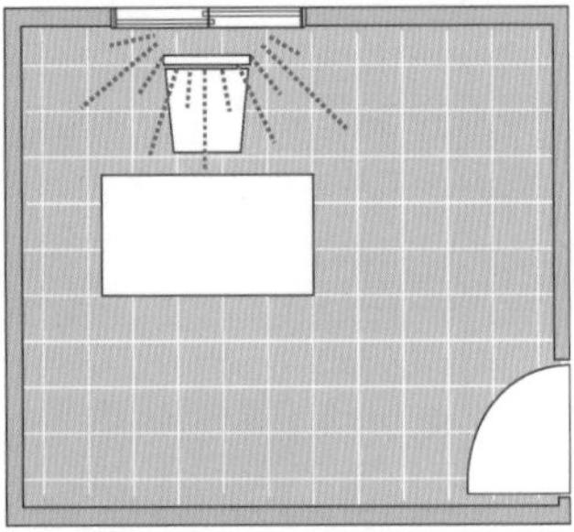

● 如有這種現象→
坐位背後如果開窗，
除了氣場極不穩定之外，
別人也可以從窗外窺視，
所以其現象會有
嚴重犯小人、漏財等等。
公司的主管或是會計部門的
座位背後一定不能開窗，
會導致公司財務虧損現象
發生，請特別注意。

● 化解方法：

化解方式就是
調整座位或是封窗化解；
如果無法封窗或是調整
座位，可以先在椅子後
掛一串五帝錢或安36枚
六帝古錢來穩住氣場來
化解：

■ 36枚古錢

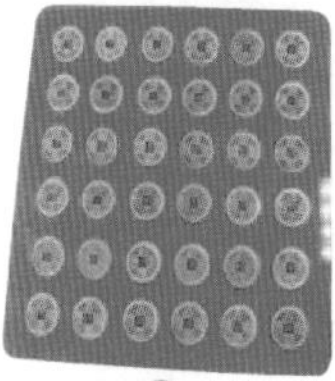

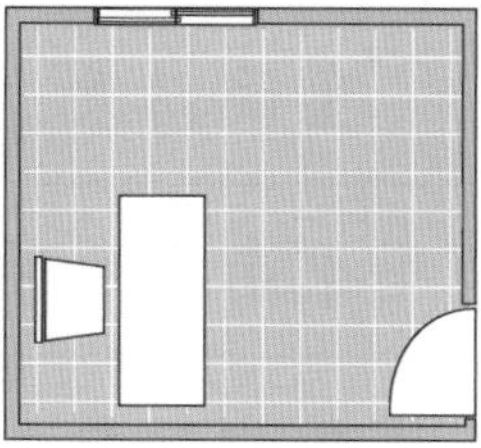

■五帝錢

八宅文昌位

座向	文昌位
座北朝南	東北方
座南朝北	正南方
座東朝西	西北方
座西朝東	西南方
座東南朝西北	中宮 西南方
座西北朝東南	正東方
座東北朝西南	正北方
座西南朝東北	正西方

個人文昌位

個人文昌位及適用之開運物

出生年次 西元年需加1911									文昌位		開運物
31	41	51	61	71	81	91	101	111	東北	8艮	旋轉文昌塔
32	42	52	62	72	82	92	102	112	東	3震	文昌筆
33	43	53	63	73	83	93	103	113	東南	4巽	文昌筆
34	44	54	64	74	84	94	104	114	南	9離	旋轉文昌塔
35	45	55	65	75	85	95	105	115	西南	2坤	文昌筆
36	46	56	66	76	86	96	106	116	西	7兌	旋轉文昌塔
37	47	57	67	77	87	97	107	117	西南	2坤	文昌筆
38	48	58	68	78	88	98	108	118	西	7兌	旋轉文昌塔
39	49	59	69	79	89	99	109	119	西北	6乾	旋轉文昌塔
40	50	60	70	80	90	100	110	120	北	1坎	文昌筆

流年文昌位

2018年	正南方
2019年	正北方
2020年	西南方
2021年	正東方
2022年	東南方
2023年	中宮
2024年	西北方
2025年	正西方
2026年	西南方
2027年	正南方
2028年	正北方

文昌位其他需注意事項

文昌位如果落於廁所
內此為污穢文昌
對家人有頭腦不清之
現象對求學比較困難
考運比較不順之效應
我們可以在廁所種黃
金葛來釋放芬多精並
加放一杯粗鹽在加掛
一組門簾擋煞作化解
並將書桌擺於
【個人文昌】或是
【流年文昌位】上！
來做補足！

內部格局煞氣介紹和化解方式

（廁所篇）

廁所門對廚房門

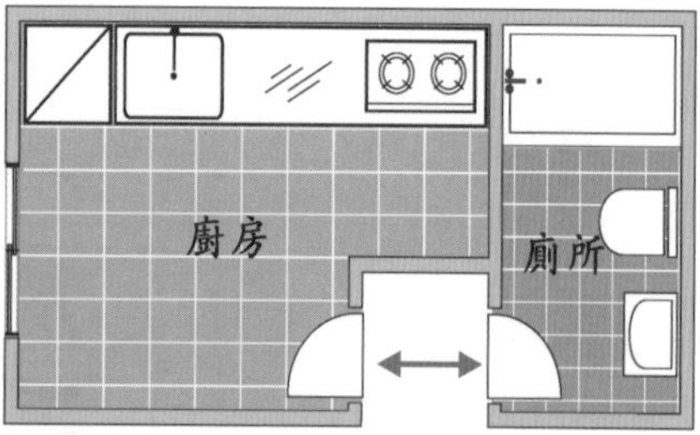
廚房
廁所

● 如有這種現象→
廁所的門對廚房門：
廁所的穢氣會直衝廚房內
因爲廚房爲煮食之處所，
所以會影響食物乾淨。
故時常有家人會感覺
腸胃不適免疫力不好
的現象發生！

● 化解方法：

可以在廁所門和廚房門掛上長布簾和五帝錢以阻絕穢氣流出來化解！布簾之長度以超過瓦斯爐面之高度爲基準當然也必需超過廁所馬桶之高度爲宜，布簾之材質以看不透之材質爲準。

■ 不透光門簾

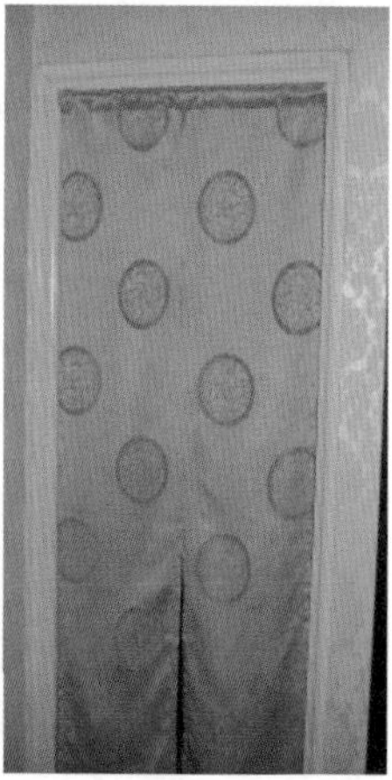

■ 五帝錢

廁所門沖餐桌

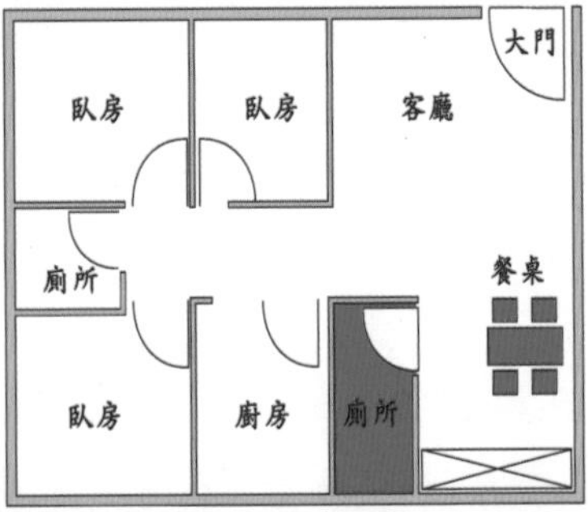
大門
臥房
臥房
客廳
廁所
餐桌
臥房
廚房
廁所

● 如有這種現象→
廁所為排污納穢之處，
充滿臭氣和細菌，
而餐桌是我們用餐之處，
如受到廁所直衝而出的
穢氣臭氣細菌將會污染食物
除了讓人覺得反胃外
還會嚴重影響
我們家人腸胃之健康。
所以不可不慎。

● 化解方法：

化解方式就是
設置一道不透光之屏風，
讓穢氣轉向。
如果無法設置屏風，
建議您可以在廁所門
加掛較為厚重且不透光之
長布簾，並於門框處掛一
串五帝錢來作化解。

■ 不透光門簾

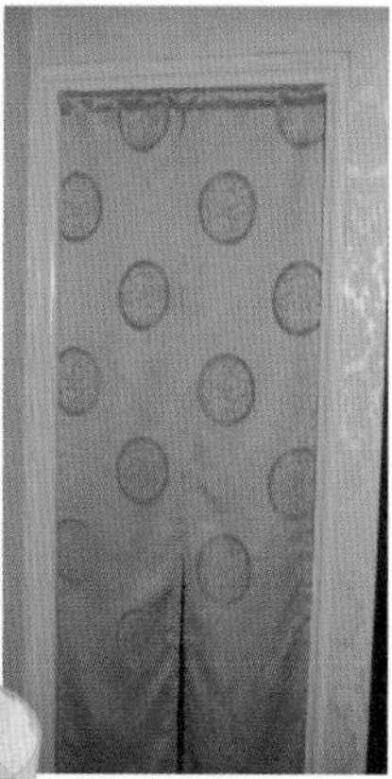

■ 五帝錢

入門見廁所

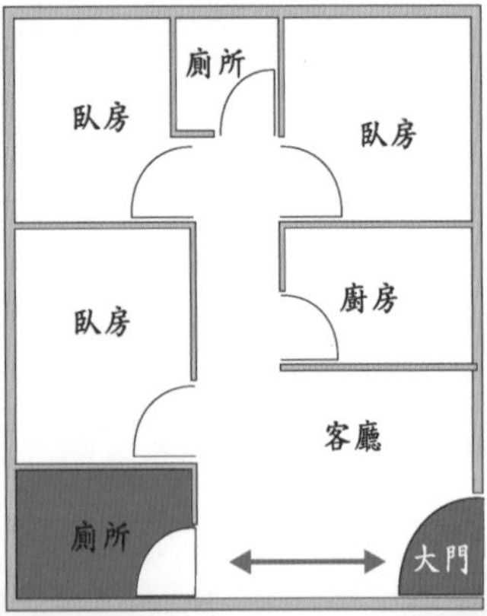
廁所
臥房
臥房
臥房
廚房
客廳
廁所
大門

● 如有這種現象→
我們剛從大門一進到屋內
在客廳入門就見到廁所，
廁所的穢氣可能直衝而來...
除了讓人有不舒服的感覺
其現象會有家運敗退!之象。

● 化解方法：

可以在大門入門後設置一道不透光之之屏風
如果無法設置屏風...
也可在廁所門加掛長布簾和於門框處掛一組五帝錢作化解！
布簾之長度以超過馬桶之高度為宜。
布簾之材質以不透光之材質為宜。

■ 五帝錢

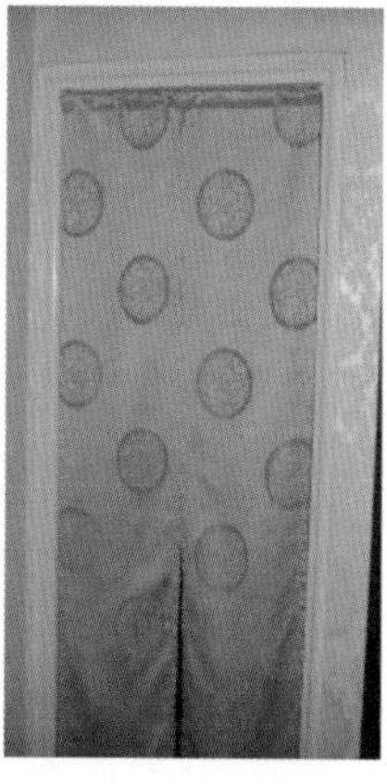

■ 不透光門簾

廁所居屋中

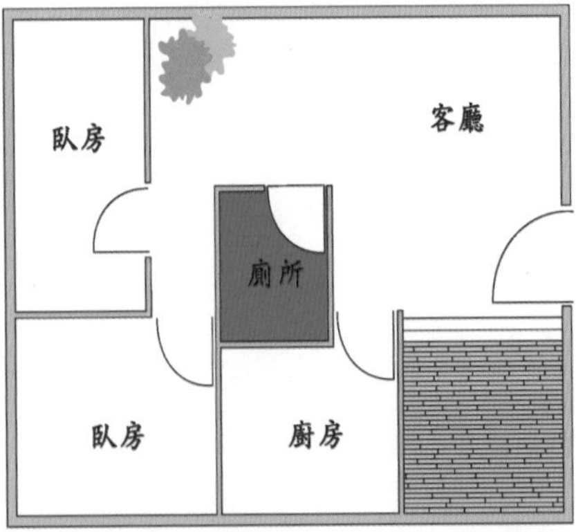
臥房
客廳
廁所
臥房
廚房

● 如有這種現象→
陽宅
最忌廁所位於住宅正中間！
廁所居中穢氣四散住在此
宅之人會病痛連連或
會有心臟血管
或是腹部疾病之問題！
應該想辦法解決。

● 化解方法：

在廁所內擺上黃金葛來釋放芬多精活化氣場!
並在門口掛上長布簾和六帝錢!阻隔形煞及穢氣外洩!
最好在廁所內放置一杯粗鹽來淨化氣場!
最重要保持乾淨，就沒事啦

■ 不透光門簾

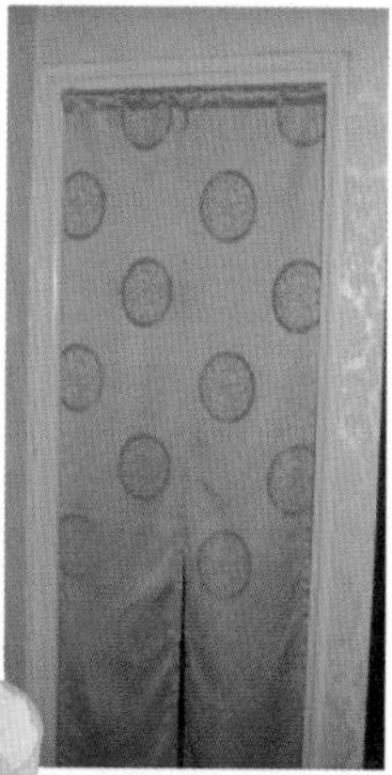

■ 五帝錢

瓦斯爐位於廁所下方

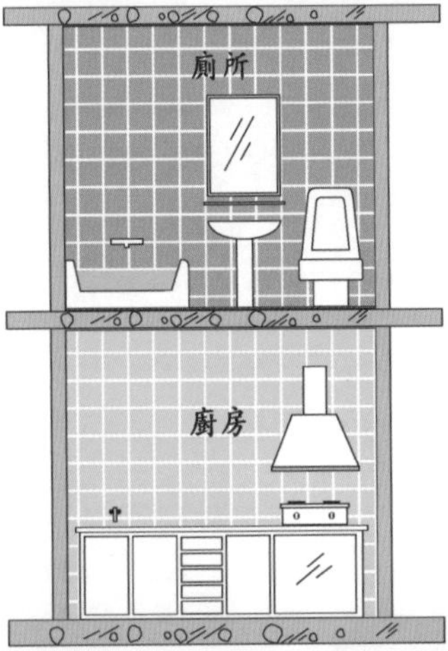
廁所
廚房

● 如有這種現象→
瓦斯爐正上方
如果剛好爲廁所所在處，
這會嚴重影響家人之腸胃
健康。
財運也會有敗退之象。

● 化解方法：
最好將瓦斯爐移往它處，
如果無法移位，
在廁所內擺上黃金葛來釋
放芬多精活化氣場!
並在門口掛上長布簾和六
帝錢!阻隔形煞及穢氣外洩!
最好在廁所內放置一杯粗鹽
來淨化氣場!
最重要保持乾淨，不要有漏
水之現象這樣就沒事啦。
廁所內之安置物請參考
前兩篇廁所居中那篇。

■ 五帝錢

■ 不透光門簾

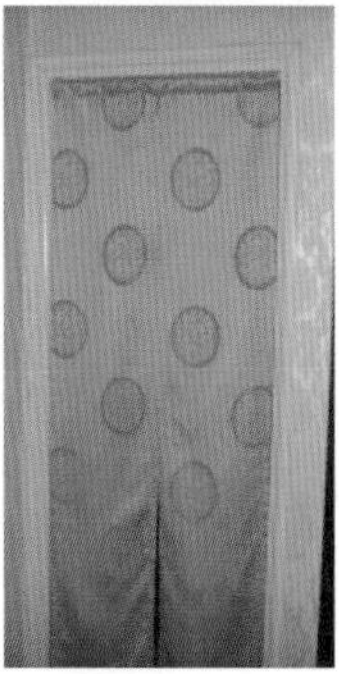

廁所門正對樓梯

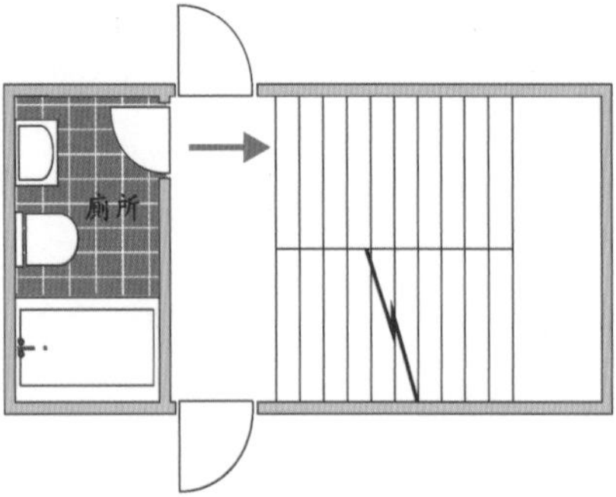
廁所

● 如有這種現象→
廁所的門正對著上下的樓梯
因樓梯就是氣動的所在
氣直衝廁所內!引起廁所氣
場不穩會使穢氣流出!
以至流至陽宅各處
會影響家人之健康和運勢!

● 化解方法：

建議在廁所門掛上長布簾長度要超過馬桶以及在門框上掛一串五帝錢作化解！如能在廁所門擺一盆盆栽最好不過了。

廁所內之安置物請參考前一篇廁所居中那篇。

■五帝錢

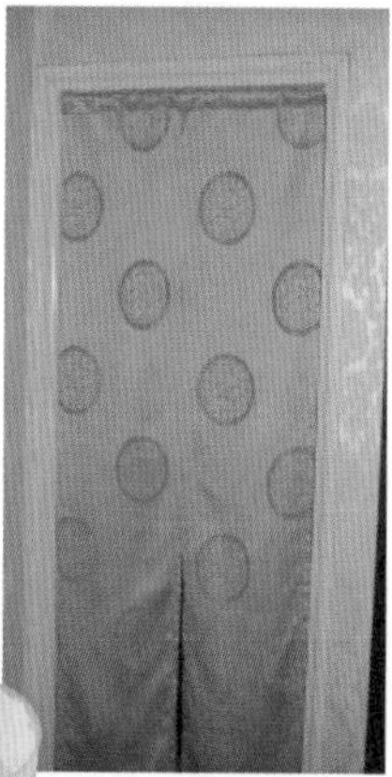

■不透光門簾

廁所位在文昌位或財位上

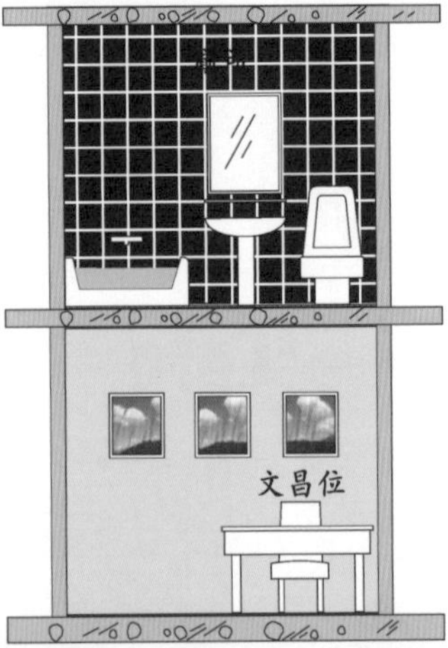
文昌位

● 如有這種現象→
家中的廁所如剛好落在家
的文昌位或是財位上，
此為污穢文昌也不利財運，
會讓家中小孩讀書不順
成績退步，事業多波折。

● 化解方法：

廁所保持乾淨乾燥不可積水
在廁所內擺上黃金葛來釋
放芬多精活化氣場！
並在門口掛上長布簾和六
帝錢！阻隔形煞及穢氣外洩！
最好在廁所內放置一杯粗鹽
來淨化氣場！
最重要保持乾淨，不要有漏
水之現象這樣就沒事啦。
這樣可將其影響降到最低
而文昌位可以用個人文昌
去補足，財位則佈置另一
個財位來招財就可以。

五帝錢

不透光門簾

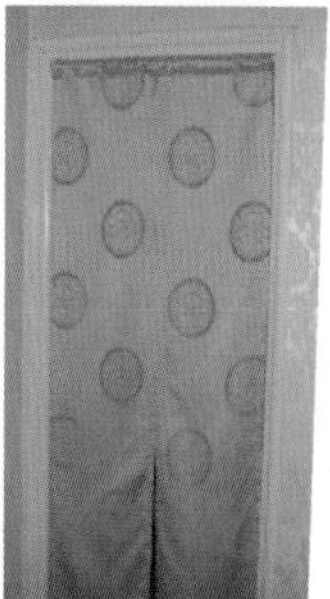

書房門正對廁所門

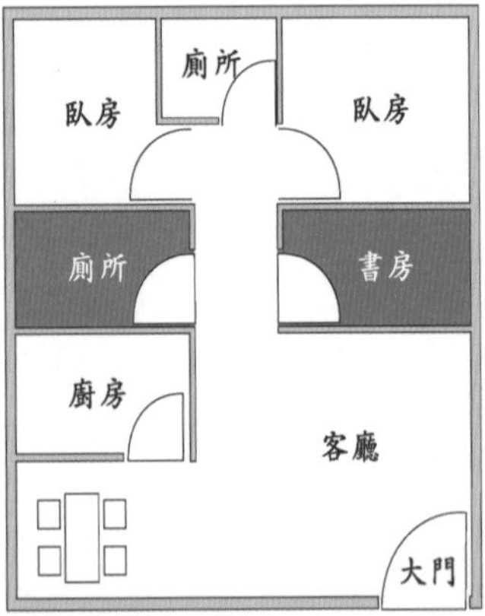
廁所
臥房
臥房
廁所
書房
廚房
客廳
大門

● 如有這種現象→
書房的門如正對廁所門，
廁所的穢氣直流入書房內
因爲文昌最怕受污穢，
故會有貴人不現之象。
且會犯小人，
且影響讀書品質之現象。

● 化解方法：

建議您可以在廁所門
和書房門都加掛不透光
長布簾，然後在書房門及
廁所門各加掛一串五帝錢
來做化解。
將廁所之穢氣擋於門外。

■ 五帝錢

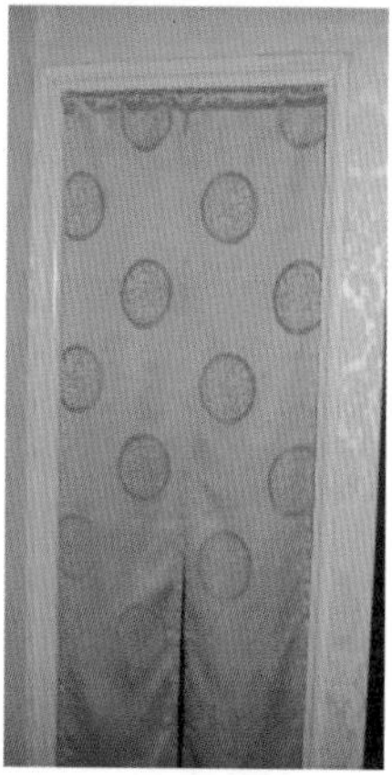

■ 不透光門簾

內部格局煞氣介紹

和

化解方式

（神桌篇）

神桌靠廁所牆面

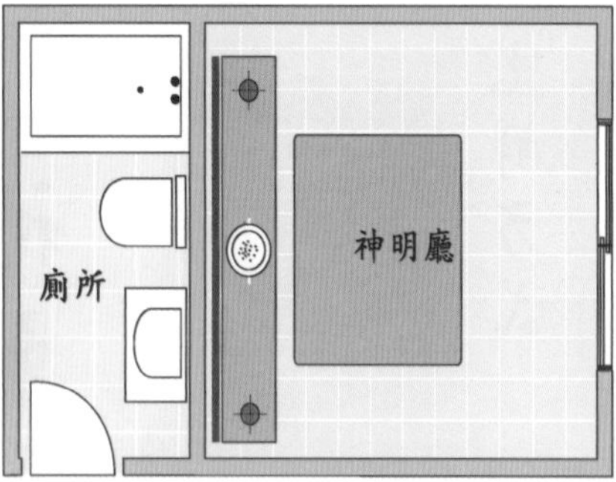
廁所
神明廳

● 如有這種現象→
神桌背後如緊靠廁所牆面，
這樣對神明極為不敬；
會有嚴重退運問題，
家人也會有腎臟方面之疾病，也會容易被人倒債。

● 化解方法：

建議重新安置神桌，
如果無法重新另覓吉位安置神桌，建議
再隔出一道空間來做化解
要化解此煞氣，可在神桌後之牆壁安置一組36帝古錢來化解。

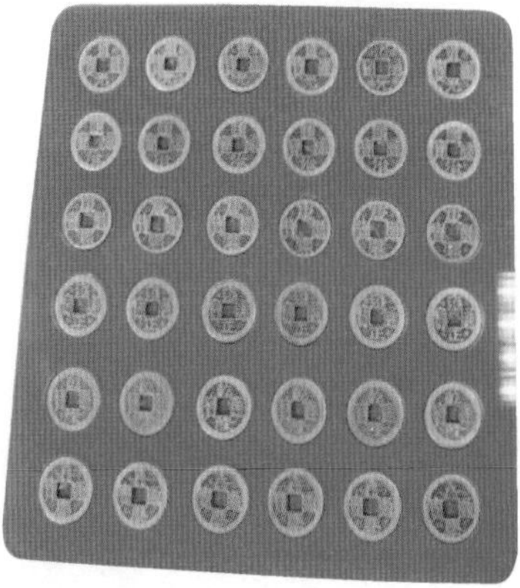

■ 36枚古錢

神桌背後為廚房

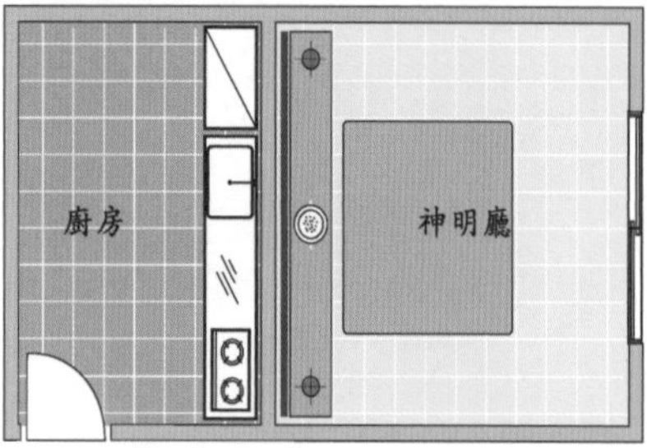
廚房
神明廳

● 如有這種現象→
神桌背後如為廚房，像是火燒神明將會導致神明猶如，坐在火爐上烤，
神明就會坐不穩，
神明坐不穩，
家運就會不穩，
嚴重者會導致退神，
家運漸退!之象。

● 化解方法：
要化解此煞氣，可在神桌後之牆壁安置一組36帝古錢來化解。
建議在神桌和廚房間
再隔一道空間來作化解！
或是另覓他處安置神桌！

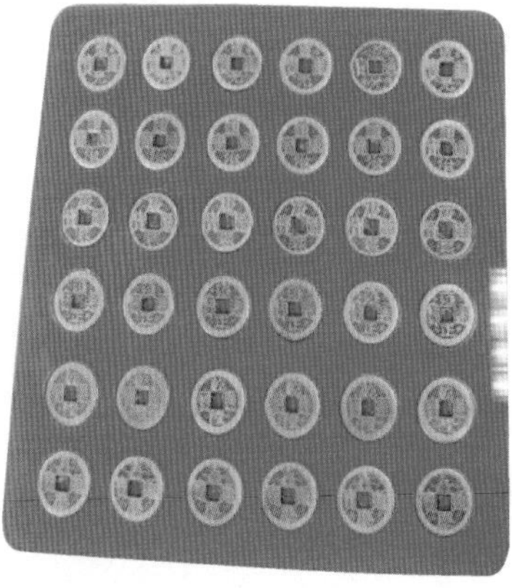

■36枚古錢

臥房在神桌上方

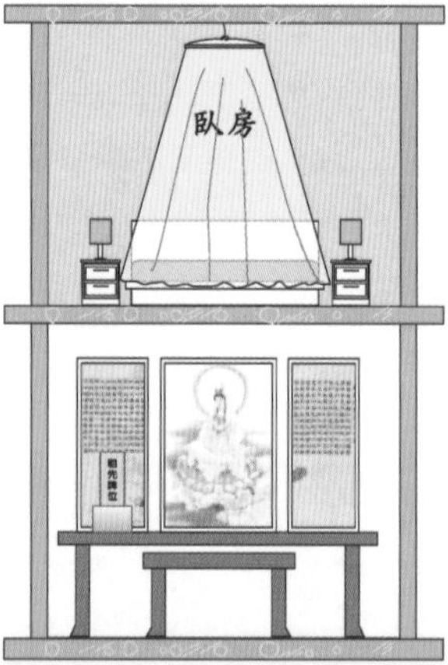
臥房

● 如有這種現象→
神明地位崇高，
住宅如果為透天厝
建議神桌需安置在最頂層
不宜安置於樓下，
不然將神明踩於腳下，
主為大不敬，
床位設置神桌正上方，
會有多夢睡眠品質差的現象。

● 化解方法：

建議重新安置神桌，
如果無法調整神桌，
建議神桌正上方之位置
宜保持淨空，不可擺設
大型家具、床、或是當
走道使用。

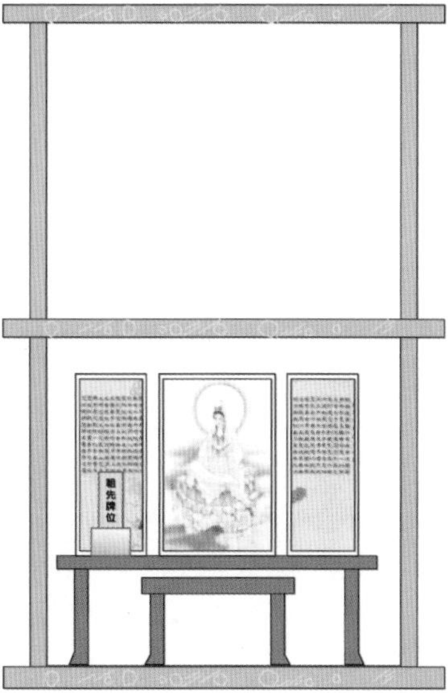
祖先牌位

神桌座向和宅向反背

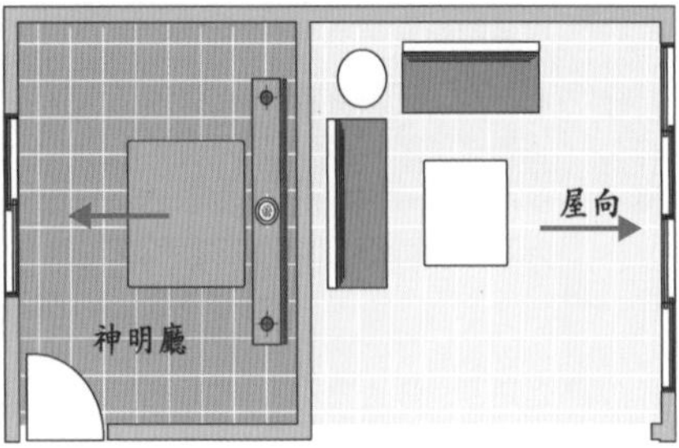
屋向
神明廳

● 如有這種現象→
神桌和陽宅本身之座向相反
就是俗稱之【倒頭廳】
這會有嚴重影響家運之效應
，且家人會不睦；
嚴重時會有無男丁的現象。

●化解方法：
如有這種現象
請重新安置神桌或在神桌對面牆掛一幅運勢唐卡。

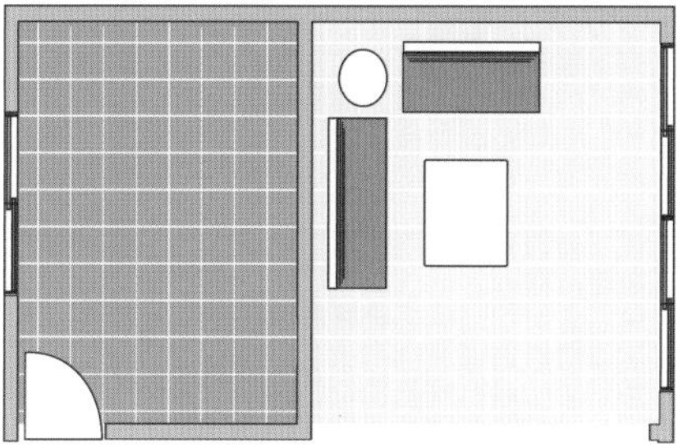

■ 運勢唐卡

橫樑壓神桌

神明廳

● 如有這種現象→

神桌上方如有橫樑壓過，
會產生重壓力之煞氣，
家人會有腦疾、
精神衰弱、長幼無序不分
嚴重時家運一直不好
所以一定要化解。

● 化解方法：

建議重新安置神桌，如果
無法重新移位安置神桌，
最好將將樑下之空間整平，
形成另一道牆面；
這樣就自然可以化解樑煞、
裝潢材質要好一點。
如果不想裝璜至少也要在
樑的兩邊各吊一串五帝錢。

■ 五帝錢

神龕切到祖先牌位

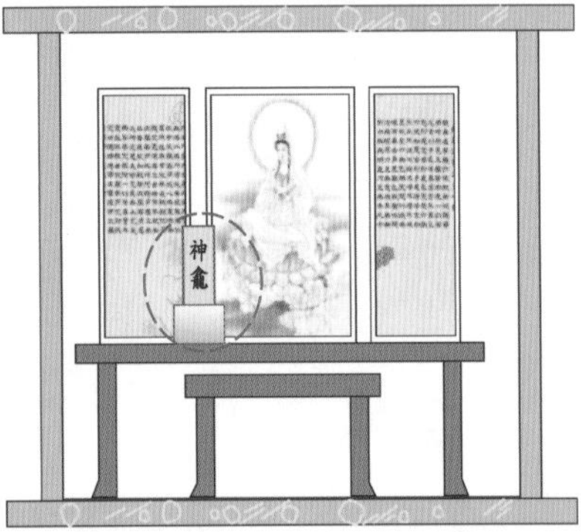
神龕

● 如有這種現象→
神桌上之神龕過小或是牌位過大，造成神龕邊框切到牌位，這樣也叫壁刀
會有不好的現象產生；
切左邊會傷到男性家人，
切右邊會傷到女性家人；
更需注意
脊椎背部方面疾病的發生。

● 化解方法：

建議請專業老師
擇日重新安置牌位，
或神龕，才能解決。

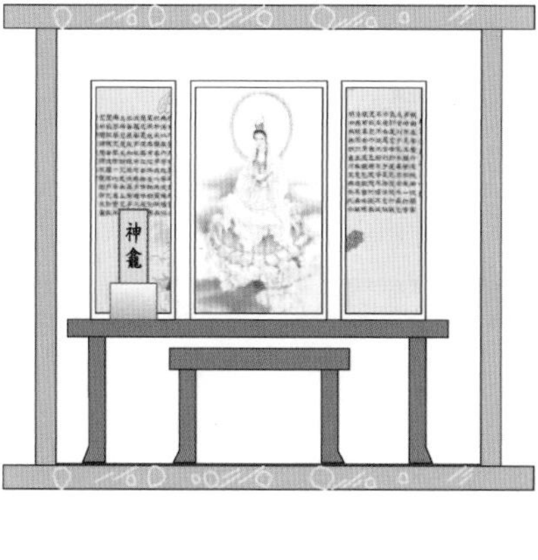
神龕

神桌虎邊不可有電器

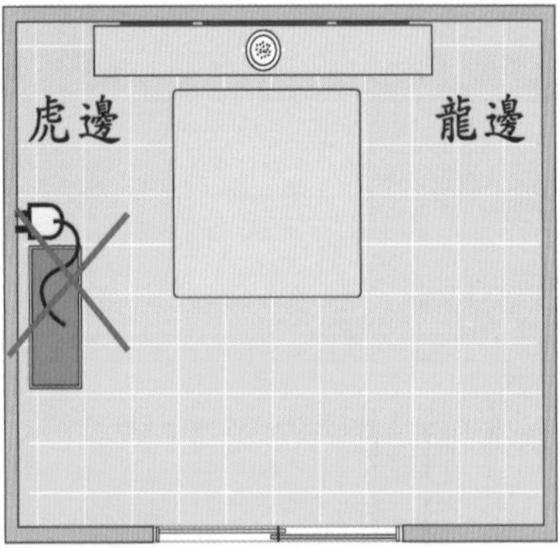
虎邊
龍邊

● 如有這種現象→
神桌的虎邊(右邊)不要擺放
大型的電氣用品；
因爲虎怕吵鬧，
如果在虎邊設置電器
會引起老虎發兇；
會有意外血光的現象產生。

● 化解方法：
將電器位置移開：
建議您可以
在神桌虎邊安置一對貔貅
來制化白虎以求化解。

■ 貔貅

神桌下不可放置任何東西

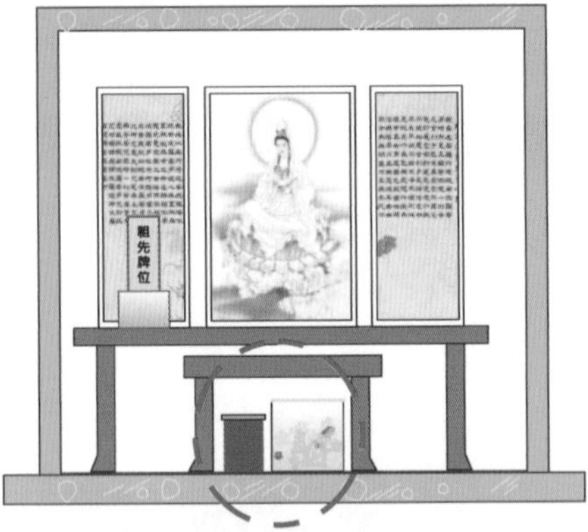
祖先牌位

● 如有這種現象→
神桌下方應該保持乾淨，
不可堆放雜物，
尤其是魚缸或是電器物品；
如果為魚缸，
這會有「正神落水」的現象
會有退神和大漏財之現象。

● 化解方法：

就是保持乾淨，不要堆積任何雜物，這應該不困難吧。

祖先牌位

神桌後方為樓梯

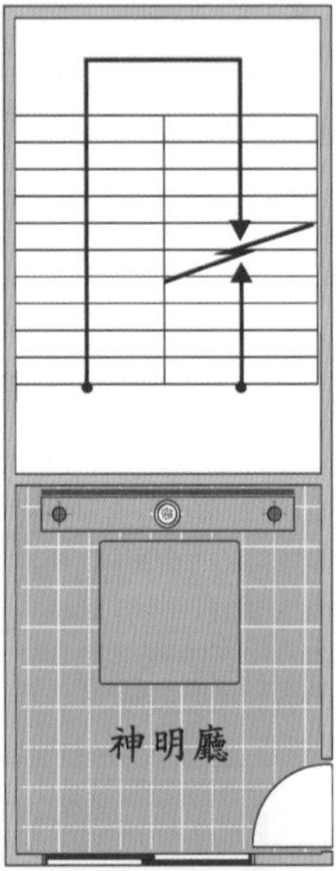
神明廳

● 如有這種現象→
神桌背後為樓梯!很常見
會導致家裡運勢越來越弱
有嚴重漏財的現象!

● 化解方法：
要化解此煞氣，可在神桌後之牆壁安置一組36帝古錢來化解。
也可以在樓梯和神桌牆面間再隔出一個空間！
即可化解此效應！

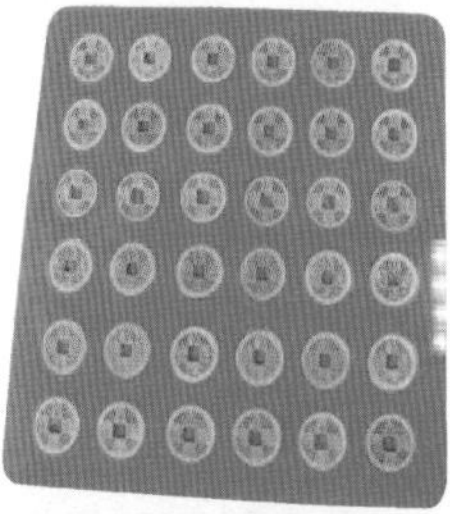
■ 三十六枚五帝錢/無框

■三十六枚五帝錢/有框

神桌龍邊不宜雜亂

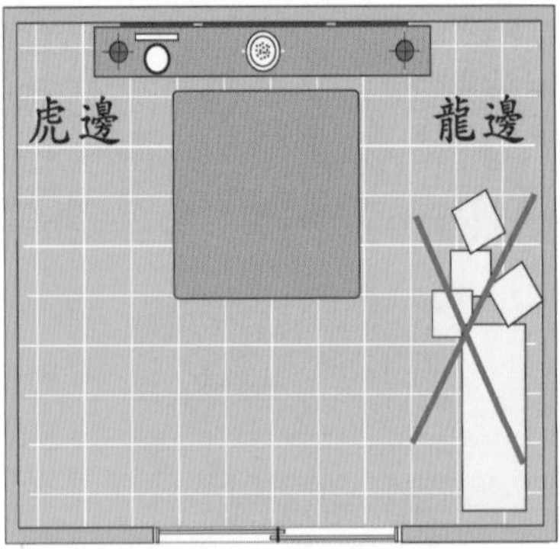
虎邊
龍邊

● 如有這種現象→
神桌龍邊(左邊)宜保持乾淨整齊，因爲「龍怕臭」，如果在龍邊擺放垃圾桶或是雜物之類的物品，這會影響運勢和事業，而且對家中男性影響很大。

● 化解方法：
龍邊儘量保持乾淨整齊，不要放置任何雜物或是垃圾筒即可。
也可在龍邊擺一對麒麟來鎮宅催財。

■ 銅麒麟

祖先牌位緊貼牆面

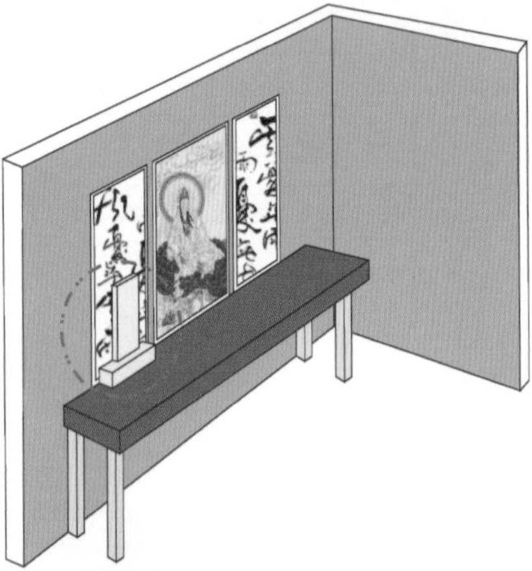

● 如有這種現象→
神像安座需要靠牆，
但祖先牌位反而，
不可以緊貼牆面，
不然會影響子孫之前途；
牌位和牆面宜留一些寬度
為宜以文公尺吉為準。

● 化解方法：

建議請專業人士
擇日重新安置牌位，
如果要自行處理，
可以在過年
清爐當天上午擇吉
進行調整。

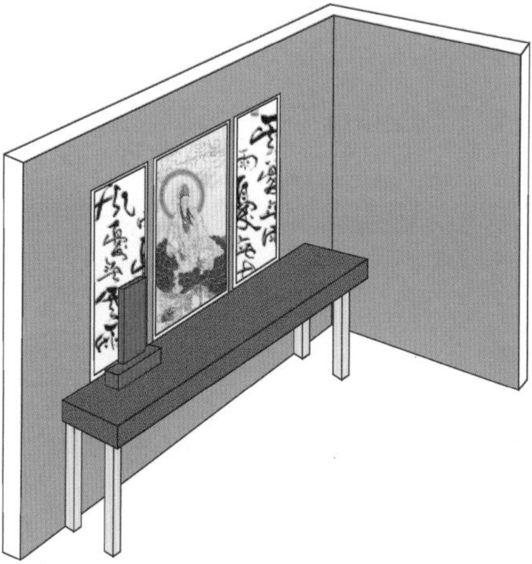

神桌不可沖門

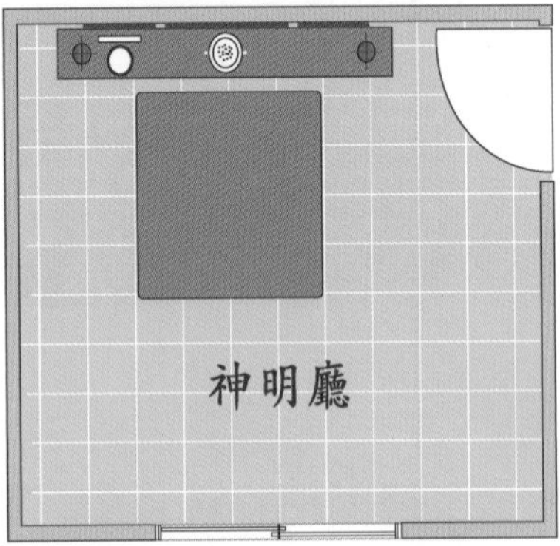
神明廳

● 如有這種現象→
神桌兩旁不宜被門或路所沖
不管是房門、廁所門、
或是廚房門都不宜；
其中以
廁所門和廚房門的影響最大
會有家運不穩，
易犯小人的現象。

● 化解方法：
在神桌被沖到處
加設一道屏風來作化解，
記住屏風到神桌之距離
要符合文公尺吉數。

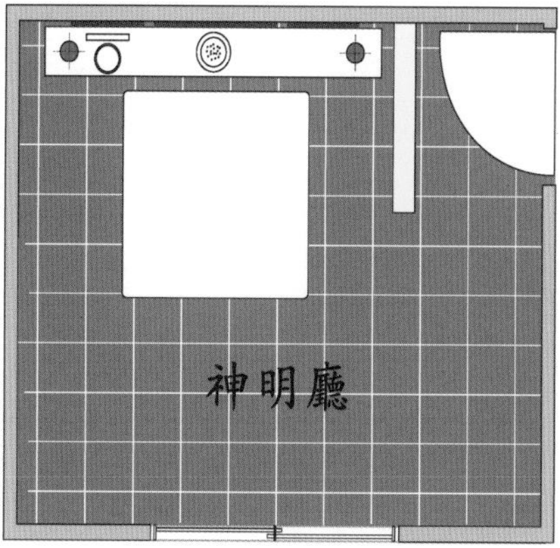
神明廳

開運制煞品介紹和化解方式

貔貅

貔貅是中國古代的一種瑞獸。
貔貅爲何會被拿來招財，因爲其曾觸犯天條，玉皇大帝罰祂只能以四面八方的金銀財寶爲食，且只能吃不能拉，所以貔貅肚子就是一個聚寶盆，同時還能催旺官運。貔貅性情非常兇猛，擅長鎮宅鎮煞，鬼魅看到貔貅都十分畏懼，所以當屋宅外面有煞氣時，特別是陰煞，荒廢空屋、陰廟等用貔貅來鎮煞化解效果特別好。另外像屋角煞、穿心煞、白虎煞、鐮刀煞等，也可以用貔貅來做化解。

貔貅招財，可以將貔貅公母一對放於陽宅之財位上，貔貅最大的特點是他沒有肛門，金銀財寶只進不出，因此他有主催偏財、旺正財。

凡是財運不佳之人，貔貅會幫您出去招財，會咬金銀財寶回來討主人歡心，因爲祂對守財很有一套，所以您也可以將貔貅擺放於收銀台上或是保險箱上讓他幫您緊緊看住收進來之錢財，有聚財作用。

鎮宅之貔貅只需將貔貅頭朝外或是朝煞方安置就可以。

■ 貔貅

三十六枚六帝錢

古錢在風水應用上極爲廣泛，可以說是體積小卻功效大之開運法器『吉祥物』；
古錢爲何有化煞招財之功效呢因爲古錢之造型外圓內方，也就代表天圓地方天地合抱之象徵，
具生生不息之氣，就像太極陰陽之原理，另外古錢爲何常會取其清朝當代盛勢所流通之錢幣呢?
因清朝前六個皇帝代代相傳維持其盛勢爲中國歷代以來少見，取其旺氣一脈相傳之意。
而三十六枚古錢，除上述古錢所具備之化煞功效外，再取其「三十六天罡」極陽之數，能有效化解宅內各式氣場不穩或是衝射。

●.三十六枚古錢最好取六帝組合而成最佳；順治、康熙、雍正、乾隆、嘉慶、道光。

適用煞氣：
1.化解夾煞：
房子比周邊房子低矮或是兩邊房子比本身房子高。
2.化解前高後低、或是房子內地勢高低不平。
3.化解包袱屋：屋後增建。
4.化解位於車道上方，或是廚房懸空及前陽台臥室位於騎樓上等煞氣。
5.化解水溝穿宅之煞氣。
6.提升宅氣。
7.區隔不好之氣場：
如緊鄰宮廟、臥室位於神桌後方。
8.形成氣牆：化解沙發無靠。
9.化解缺角煞。

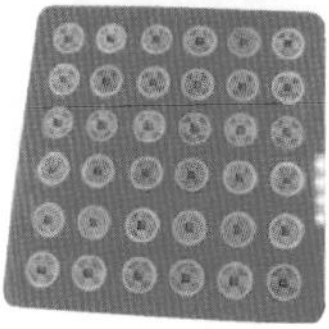
■三十六枚五帝錢/無框

■三十六枚五帝錢/有框

山海鎮

所謂山海鎮：
正中央畫上八卦太極圖
●左右各安日(太陽)與月(太陰)
●中間畫三山五嶽
●四周是五湖四海、大船入港
山海鎮具有移山倒海之力量、能將煞氣完全排除、具有顛倒陰陽之功效；
所以在風水化煞上應用相當廣泛，面對各式形煞都有化煞效果，因爲其能顛倒陰陽，鬼魅遇到會迷失方向，所以對於犯陰之地，可以說妙用無窮。

■山海鎮

■太極乾坤八卦圖

適用煞氣：

1.化解路沖：明堂有馬路或水路直衝而來時.
2.化解官帽煞:如果住宅正對之房子形成官帽狀,主官司纏身;
3.化解反弓煞:明堂見水流或馬路呈反弓煞形狀。
4.明堂見大樹,陰氣甚重之時使用。
5.化解天斬煞：面對兩高樓間之夾縫。
6.化解位居無尾巷內
7.化解緊鄰墳墓、宮廟、殯儀館、屠宰場... 犯陰之處
8.化解各式形煞：如壁刀、屋角、凹風煞、藥煞、小人探頭煞、槍煞、棺材煞.....等都適用。
9.化解電磁煞氣：緊臨電箱、電塔、變電所...等。

五帝古錢

古錢爲何有化煞招財之功效呢?因爲古錢之造型外圓内方，也就代表天圓地方天地合抱之象徵，天地合抱則陰陽相成、化生萬物、具生生不息之氣，五帝錢」爲古錢當中應用最廣之法器，因爲五帝錢取其「順治、康熙、雍正、乾隆、嘉慶。」一脈相承之旺氣，就五行來看，五屬土，而土生金，金者爲財，所以五帝錢既可化煞也能招財，眞是好用。

1. 古錢需要眞古錢才具有化煞之氣場。
2. 安置五帝錢須照一定之順序和排法來做安置。

■五帝錢

開運化煞法：

1.化解門對門之煞氣：
家中如有門對門主多口舌可以掛上五帝錢即可化解

2.化解廁所門和房門相對之煞氣：
如果家中廁所門和房門相對，廁所之穢氣會流入房内對人之運勢和健康都會產生 傷害。

3.化解背後無靠：
如您辦公室背後無實牆可靠，主氣不穩，升遷會有困難，您可在您的坐墊底下放置一串五帝錢來穩住氣場，加強您的升遷運。

4.化解門沖灶：
門沖灶主家人不睦漏財。將五帝錢安置於天花板上還可以為您帶來財運喔，也可以將五帝錢隨身攜帶以收辟邪納及招財之功效。

5.適用於各式門煞。

羅盤

「羅盤」爲地理師常用的堪宅工具，不過羅盤不單只是測量之工具，因爲其盤中劃有：

◆先天八卦
◆河圖、洛書
◆二十四山方位
◆易經六十四卦
◆二十八星宿

上述之圖面集於一盤，如經過老師持咒開光過後，其鎮宅效力不輸於任何法器，尤其對於陰煞祛鬼魅化解之效果更是有目共睹。

開運制煞注意事項：
安置羅經需要天地定位，
而所謂天地定位，
就是將羅盤調成
「午上子下」
之位置上。

開運制煞法：

1.百煞:
凡多種形煞不解時，可用羅經制化。

2.陰邪之氣:
例如凶宅或犯陰之地鬼魅出入或屋旁有墳家中不平靜者。

3.磁煞:
如近處有高壓電廠,干擾人體 磁場時。

4.化解明堂雜亂、事業難成:
明堂不清、應驗多病、吃藥被人倒債、家人不睦。

5.化解門前有高壓屋、尖形煞角煞、電桿煞、路沖、天斬煞、剪刀煞、割腳水、土煞等諸煞。

6.出門保身:
當個人運氣不佳時，可用以自保、亦有調和陽宅磁場之作用;故可鎮宅掛於車上可保平安兼旺財。

聚寶盆

聚寶盆風水在招財上，最受人喜歡和最爲靈驗之吉祥物，不過聚寶盆在使用上需特別注意一點，那就是須放於貴宅之財位上，這樣才能充分發揮其效果。而其材質最好爲龍脈石製品，其成份爲龍脈石、金粉、陶瓷製成，外觀爲漆線雕。

神秘的龍脈石，蘊藏於喜瑪拉雅山南龍龍脈，經千百萬年天地靈氣灌頂，產生龍脈石的強大能量。而漆線雕取材于天然植物，其主要原料是由漆樹上割取下來的天然生漆，實際上就是漆樹上分泌出的樹脂，古人有“百里千刀一兩漆”之說，意思是行百里路，割千刀後才能收到一兩漆，可見漆之珍貴。這種漆不僅有光澤而且堅固、防腐耐熱，並能與萬物粘合在一起。

因龍脈石五行屬土，土可以生金，金者爲財，這樣聚寶盆才有招財效果喔。聚寶盆在陽宅財位擺放上，房間、客廳、書房都能擺放，一樣可以達到招財效果。

開運方法：

1.首先擇一天納財或祈福之吉祥日準備安置聚寶盆。
2.先於盆底安置五帝錢，於四方和中間位置，代表五路財神；另外如果有招財符令也可 以放置於盆底。
3.然後準備七寶石，再放上小羅盤鎮宅。
4.再來舖上零錢或是紙鈔都可以，數量以228元爲原則。

(建議將聚寶盆放置於住宅之財位才能收其最大之功效。)

2.聚寶盆內的錢幣須要時常保持流動不然會形成死錢無法招財；保持流動之方法，就是將其聚寶盆內之錢拿來作爲做事業及捐款用，同時留一些當錢母，然後再補入新錢，讓其「錢滾錢」才能達到聚財之效果。

龍銀

傳說：龍銀能形成龍神守護家宅，是招財借運最佳利器。龍銀，是清代時期所鑄造的，是龍形圖案的法定流通銀幣。龍銀的靈動力取自於當時皇帝下詔鑄造之懿旨，印有龍紋，貨幣價值高，非凡人可及，它可廣納財氣，因而龍銀為施展「借運法」的首要選擇。

但龍銀本身所蘊含招財之靈動力，必須加持開光方能引導啓動借運招財之效果。

龍銀招納的財氣以正財為主、偏財為副，因為達官貴人多數以做官或經商致富，但少數也有天降橫財（突然挖到金礦、探墾油源等），所以也包含些許偏財運勢。而正財也包含遷職升官、或是開闢副業財源，凡用心經營，一步一腳印所奠定之事業根基皆為正財。

開運方法：

古代的錢幣具有富有的象徵，現今用在引財催財方面極恰當。

1. 運用在座落的房子接不到來氣時可以用，箭頭朝門內方式做引財動作。
2. 如有入不敷出時，可運用北斗七星防堵法，放在後門將漏財堵住。

■ 防漏龍銀/有框

■ 引財龍銀/有框

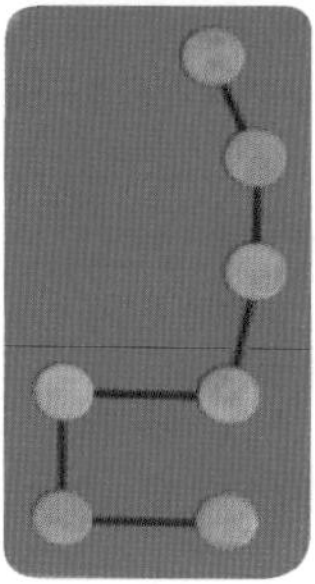

■ 防漏龍銀/無框

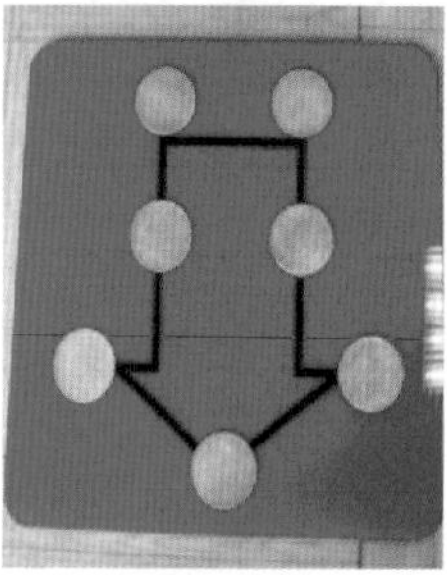

■ 引財龍銀/無框

轉運金牌

相信每個人都有算八字的經驗，當您的八字中呈現大運無助時，請問您作何抉擇？尤其八字中每個人都有4個天干、4個地支的狀態是屬於八字平衡，然而就如人生不如意，不外是八字 中的五行不平衡，就是過多或是刑、沖、害、剋，因此易經是中國歷代流傳下來不滅定律，所以可以透過轉運金牌的方式，將先天八字命盤做有效轉變，以平衡八字起伏，讓您的人生更加平順。

例如：張先生去找老師算命，老師跟張先生說您命中劫財過重，很難存到錢；又如李小姐，老師說您命中婚姻緣不佳，可能很難找到理想對象....請問要怎麼辦？這時候您可以配帶一個刻有您八字中欠缺的"字"來補運，以補足您所欠缺的部份。

您想知道您八字中欠缺什麼嗎？歡迎您來電洽詢告知您的"性別"及"農曆出生年、月、日、時辰"，由老師免費幫您鑑定八字。

■ 轉運金牌

文昌筆

毛筆是文房四寶之一，自古以來一直是中國文學之象徵，中國人普遍認爲毛筆是具有啓發的物品可以用來招功名。
另外毛筆也是功名之象徵，家中安置毛筆小孩會開竅變聰明，
「文昌帝君」是我們中國人，尤其是古代讀書人所崇敬之守護神爲掌管考運、佑助功名文章之神靈。頗爲歷代讀書人所信仰尊奉是故，凡家中未供奉文昌帝君者亦可在家中文昌位上，安奉
「文昌筆」以爲象徵守護功名之神。以代表象徵神明文昌帝君臨宅，就近庇祐學子用功學習，學業進步考試金榜題名。
另外文昌筆爲何要用四枝毛筆所組成，是因爲陽宅玄空的
「四巽」爲文昌位，故取其四枝之涵義。

特別注意：
文昌筆建議不要擺於夫妻房內，以免有輕慢不敬之事。
文昌筆的功效
1.有助於家人讀書、考試順利求取功名之位置。
2.利於宅中人職務升遷。
3.有益於個人事業之發展，或公司業務之推展。
4.安置於書桌左前方或住宅之宅文昌或個人文昌位上
5.文昌位無法擺設書桌設置書房，可改掛文昌筆代替。

文昌塔

功能同文昌筆、當學業成績不理想時，書桌宜放在文昌位或在文昌位上點上文昌燈，或擺置四巽文昌塔於書桌上，或懸吊四支四巽文昌筆來加強了文昌催旺之力量，可令人成績進步。提高頭腦更靈活，自然學業業績進步，成績便可獨占鰲頭。在陽宅風水裏文昌星是屬於巽卦，又稱爲回絲文曲星，巽卦屬性屬於陰木、柔木、表形的木，可以利用這個卦相，安置具有代表性的河洛文昌燈及四巽文昌塔，加強陽宅文昌位催旺之後能，自然夠使自己的頭腦清晰、靈活，無論讀書或處理工作上的文件，皆頭頭是道。

右圖表是個人文昌位，所使用的催文昌吉祥物也不同，如能照右圖建議會有很好的效果。

個人文昌位及適用之開運物

出生年次 西元年需加1911									文昌位		開運物
31	41	51	61	71	81	91	101	111	東北	8艮	旋轉文昌塔
32	42	52	62	72	82	92	102	112	東	3震	文昌筆
33	43	53	63	73	83	93	103	113	東南	4巽	文昌筆
34	44	54	64	74	84	94	104	114	南	9離	旋轉文昌塔
35	45	55	65	75	85	95	105	115	西南	2坤	文昌筆
36	46	56	66	76	86	96	106	116	西	7兌	旋轉文昌塔
37	47	57	67	77	87	97	107	117	西南	2坤	文昌筆
38	48	58	68	78	88	98	108	118	西	7兌	旋轉文昌塔
39	49	59	69	79	89	99	109	119	西北	6乾	旋轉文昌塔
40	50	60	70	80	90	100	110	120	北	1坎	文昌筆

■ 旋轉檯　　■ 文昌塔

進

尺寸：44cmX32cm

日進斗金聚財龍銀(掛圖)

説明：

運用北斗七星招財法，吸納財位方之財氣，掛在客廳之財位上，讓財源滾滾來。

傳説龍銀能形成龍神守護家宅，是招財借運最佳利器。龍銀，是清代時期所鑄造的，是龍形圖案的法定流通銀幣。

龍銀的靈動力取自於當時皇帝下詔鑄造之聖旨，印有龍紋，貨幣價值高，非凡人可及，它可廣納財氣，因而龍銀爲施展「借運法」的首要選擇。

麒麟

【麒麟】
麒麟，中國傳統祥獸，是中國古籍中記載的一種神物，與鳳、龜、龍共稱"四靈"，是神的坐騎，古人把麒麟當作仁寵，【雄性稱麒】，【雌性稱麟】。

麒麟與貔貅的區別：麒麟是吉祥神寵，主太平、長壽、吉祥。貔貅是凶猛的瑞寵。民間一般用麒麟主太平長壽，被製成各種飾物和擺件用于佩戴和安置家中，有祈福和安佑的用意。

但最普遍的是所謂「麒麟送子」的習俗。民間有這樣一個傳說：古代有位畫師，老而無子，畫師偏愛畫麒麟，屋裡掛滿他所畫的各種稀奇古怪的麒麟。有一天晚上，他突然看到一匹金光閃閃的麒麟，身上騎著一個小孩子，朝著他走來。畫師一高興，笑醒了，原來是場夢。第二年，他的夫人便得一「老來子」，小孩子絕頂聰明，六歲就能賦詩作畫，人們稱這孩子為「麒麟童」。於是，「麒麟送子」這一習俗，就在民間廣泛傳開了。

※麒麟可用來添丁發財，化煞之用，用來添丁、招財進寶之用；亦用來鎮宅、驅魔、避邪、化煞之用。財運不佳、精神較差者，都可使用。擺放麒麟靈獸，宜頭向外即可，財運必佳，其勢甚勁，如能配合方位更吉。選用時不需用太大的，以細巧為宜。

※麒麟擺放時頭宜向門窗之外或煞方，使有治化效果。
〈此制煞麒麟如經開光、加持更具有效率〉。

雙貔貅風水球

國家圖書館出版品預行編目資料

形家陽宅開運一本通：7天學會陽宅開運斷吉凶／
黃恆堉，李羽宸著.
－－第一版－－臺北市：知青頻道出版；
紅螞蟻圖書發行，2023.06
面　公分－－(開運隨身寶；20)
ISBN 978-986-488-243-4（平裝）

1.CST：相宅

294.1　　112006230

開運隨身寶 20
形家陽宅開運一本通：7天學會陽宅開運斷吉凶

作　　者／黃恆堉，李羽宸
發 行 人／賴秀珍
總 編 輯／何南輝
美術構成／沙海潛行
校　　對／周英嬌、黃恆堉、李羽宸
出　　版／知青頻道出版有限公司
發　　行／紅螞蟻圖書有限公司
地　　址／台北市內湖區舊宗路二段121巷19號(紅螞蟻資訊大樓)
網　　站／www.e-redant.com
郵撥帳號／1604621-1　紅螞蟻圖書有限公司
電　　話／(02)2795-3656（代表號）
傳　　真／(02)2795-4100
登 記 證／局版北市業字第796號
法律顧問／許晏賓律師
印 刷 廠／卡樂彩色製版印刷有限公司
出版日期／2023年 6 月　第一版第一刷

定價 300 元　港幣 100 元

ISBN 978-986-488-243-4　　Printed in Taiwan